建築が語るフランスの歴史

L'histoire de France
à travers ses monuments
Grande histoire et petits secrets

**デルフィーヌ・ガストン＝
スローン 著**
DELPHINE GASTON-SLOAN

飯竹恒一 訳
KOICHI IITAKE

草思社

Originally published in France as:
L'histoire de France à travers ses monuments.
Grande histoire et petits secrets
By Delphine GASTON-SLOAN
© Armand Colin 2023,
Malakoff ARMAND COLIN is a trademark
of DUNOD Éditeur – 11,
rue Paul Bert - 92240 MALAKOFF

Current Japanese language translation
rights arranged through Bureau des
Copyrights Français, Tokyo.

建築が語るフランスの歴史
目次

はじめに
005

先史時代と古代

ラスコー洞窟
先史時代のシスティーナ礼拝堂
010

カルナック列石
貴重な巨石の数々
020

コンコルド広場のオベリスク
残された未亡人と子ども
028

ポン・デュ・ガール
橋と車道
038

ニームの円形闘技場
喧噪のアリーナ
043

中世

サン＝ドニ大聖堂
偉大な王たちが眠る
050

モン・サン＝ミシェル修道院
驚嘆の山
061

オー＝ケーニグスブール城
取り戻した時間
070

パリのノートルダム大聖堂
聖母マリアの受難
076

ルーヴル美術館
複数のルーヴル
085

ランスのノートルダム大聖堂
載冠式のメーン会場
094

カルカソンヌの城塞
悠久の砦
103

サント＝シャペル
至聖所
108

アヴィニョン教皇宮殿
ローヌのサン・ピエトロ
113

オスピス・ド・ボーヌ
保存状態は良好
121

ブルターニュ公爵城
偉大なブルターニュの城塞
126

アンシャン・レジーム
（旧体制）

―――○―――

シュノンソー城
女性たちが活躍
134

シャンボール城
城の王様
139

ヴェルサイユ宮殿
贅を尽くす
147

アンヴァリッド
五つ星の館
157

エリゼ宮
大統領府
165

パンテオン
共和国の教会
170

現代

―――○―――

エトワール凱旋門
祖国のアーチ
178

ノートルダム・ド・ラ・ガルド寺院
見守り役
183

オペラ・ガルニエ（オペラ座）
アヒルのようなオペラ座
188

ベルフォールのライオン
フランス最後の王
193

エッフェル塔
魔法のタワー
198

ポンピドゥー・センター
古典派0-1現代派
207

スタッド・ド・フランス
政争の舞台
214

ミヨー高架橋
ポン・ヌフ（新しい橋）
220

おわりに
227

参考文献
228

この著者による他の作品
229

画像クレジット
230

＊引用は私訳による

はじめに

　「モニュメント（記念建造物）」という言葉の定義に従って、ここでは建築や彫刻の作品を取り上げるのと合わせて、この言葉の語源であるラテン語の「記憶を呼び起こすもの」という意味の「モニュメンタム」にも目を向けたい。というのも、フランスの歴史をたどるには、記憶の詰まった数々の場所に立ち寄るのが最良の方法であるからだ。

　フランス人がこの国にある数々のモニュメントについて、観光PRのための呼び物にすぎないと考えることが多いのは嘆かわしいことだ。一方で、海外旅行ならまずフランスに行きたいと世界の観光客に思ってもらえることで、ある意味で自国を誇る気持ちがくすぐられるのも事実である。

　モニュメントについては、何よりもまず、フランスの過去の証人であると考えることが重要である。その際、共有する過去があれば望むところだ。というのも、フランス人のアイデンティティについて議論が起きている昨今、モニュメントによってフランス人が一体感を覚えるのは否めないからだ。これが

「遺産」という言葉の力である。それに「世界の」という形容詞を付け、ユネスコの「世界遺産」をイメージすれば、共有するものは国境を越え、人類すべてを包含することがわかる。カルナック列石の例を考えてみれば一目瞭然だ。石は確かに現在のフランスの領土内に広がっているが、世界各地に住んでいた新石器時代の人たちが並べたものである。また、パリのノートルダム大聖堂についても、火災が起きて世界中に悲しみが広がったことで、だれからも深く愛されていることがわかった。パリジャンの老婦人、フランス人の誇り、あるいはカトリックの宝物といった存在をもはや超えているのである。

いずれにせよ、ここで紹介する建築物はフランスの歴史を彷彿とさせる。コンコルド広場のオベリスクはエジプトから来たもので、オー＝ケーニグスブール城はドイツ皇帝によって再建されたものであっても、そのことに変わりはない。

こうしたモニュメントの魅力は、私たちを過去に誘い、さらに同じ建築物でもまったく異なる時代に連れ去り、旅に踏み出すよう後押ししてくれることだ。ある日はドルドーニュ、別の日はアヴィニョン、続いてパリ、翌々日はマルセイユといった具合だ。

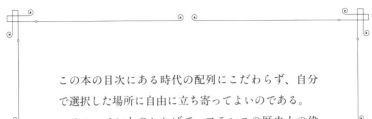

　この本の目次にある時代の配列にこだわらず、自分で選択した場所に自由に立ち寄ってよいのである。
　モニュメントのおかげで、フランスの歴史上の偉大な人物についてだけでなく、偶然に国の歴史に紛れ込んでしまった匿名の人々についても知ることができる。また、芸術や科学技術を駆使したさまざまな取り組みについて、理解を深める絶好の機会にもなる。それは、ラスコーの原始的な図描から、サント＝シャペルのステンドグラス、オペラ・ガルニエのシャガールの天井画、エッフェル塔という金属の構造物、さらにはミョー高架橋の卓越した技術にまで及ぶのである。
　この本は30のテーマをたどる構成になっている。フランスの遺産は途方もなく数多く、選定作業は断腸の思いを伴うものだった。選定から漏れたモニュメントを補うのに、項目ごとに別のモニュメントを取り上げるコーナーを設けた。時代、地理、様式で関連付けられるもののほか、著者である私の衝動的な思いによるものもある。この旅の案内役を務めることは光栄である。

デルフィーヌ・ガストン＝スローン

先史時代と古代

―❀―

Préhistoire et Antiquité

最初に取り上げる時代は約1万9000年前にまで遡り、フランスが国として成立するより前のモニュメントを紹介するという点に注目してほしい。とはいえ、歴史上の攻防の末に獲得した現在のフランス領土内にある以上、フランスのモニュメントだと主張しても差し支えないだろう。実際、そこで紹介されるモニュメントは多様性にあふれ、過去に存在した文明の記憶を呼び起こしてくれる。洞窟に描かれたラスコーの壁画はホモ・サピエンスとの出会いへと誘い、カルナック列石は石器時代の謎を解き明かす。エジプトの美が光るコンコルド広場のオベリスクは19世紀になってパリに建てられたものだが、この「先史時代と古代」の項目として取り上げる。また、ポン・デュ・ガールとニームの円形闘技場によって、フランス人の祖先がいたガリアの地に向け、ローマ人がたどった道のりの歴史を振り返ることもできる。

ラスコー洞窟
——先史時代のシスティーナ礼拝堂

フランスの歴史と人類の歴史が融合した2万年前、現在のドルドーニュ県にある洞窟で私たちの遠い祖先はアーティストになった。その作品が並ぶギャラリーに足を踏み入れてほしい。

ラスコー洞窟の壁に描かれた雄牛

　フランス史の最初のモニュメントの一つに数えられるこの洞窟は、自然と人間による共同作業の賜である。全長250メートルの洞窟が自

紀元前	21500-21000	洞窟に人が出入りした時期（2019の研究）
	18900-18600	作品制作の推定時期（1998＆2002）
	1940	マルセル・ラヴィダが洞窟を発見（9月8日）
	1948	一般見学が再開
	1963	絵画保存のため閉鎖
	1979	ユネスコの世界遺産に登録
	1983	最初のレプリカ展示「ラスコーII」が公開
	1990	洞窟発見を描いたテレビ映画「ラスコーの子どもたち」（モーリス・ブニオ監督）
	2002	洞窟の保存状況の診断
	2012	巡回用のレプリカ展「ラスコーIII」
	2016	完全なるレプリカ展「ラスコーIV」が公開
	2020	発見時の洞窟のバーチャル体験が可能に

然によって石灰岩の中に形づくられ、その後、人間によって装飾が大々的に施された。現在のドルドーニュに住み、洞窟を住居とせずとも、そこに頻繁に出入りして壁に絵を描いたり彫刻を施したりしていた人間が、のちに「ホモ・サピエンス」と呼ばれるようになる。ラスコーに施された約2000点の絵画と彫刻は、1人の巨匠の作品ではなく、何世代にもわたって手がけられたものだ。発見されて以来、科学者たちは長年にわたり、そうした作品の年代の特定に骨を折り、そこに描かれている絵柄だけでなく、火打石の道具や骨片を分析してきたが、

いまだ一致した見解には至っていない。炭素14年代測定法が発明されたばかりの1950年代に示された最初の見解では、「現在」から1万5500年前（慣例で「現在」の日付は1950年1月1日）とされた。最新の推定では、2万1500年前から2万1000年前の間であるとされている。

アーティストたちの登場

　当時、私たちの祖先は部族に分かれて暮らし、石を切って投げ槍のようなものをつくり、かき削る道具で加工したうえで骨の針で縫い合わせた皮を着たり、歯や貝殻で装飾品をつくったりした。食料のために果物を摘み、馬狩りをして、マスを釣った。まだ土地を耕す段階ではなかった。そのかたわらで熱中したのが洞窟に壁画を描くことだった。壁や天井に描かれているものの大半は、風景や植物ではなく、動物だった。馬、オーロックス（牛の祖先）、シカ、アイベックス（ヤギの一種）などに加えて、変わったものとしては、洞窟絵画には珍しいネコ科の動物、クマ、サイ、おそらくユニコーンも登場する。頭が鳥のかたちで、勃起した男が地面に倒れている姿を描いたものもあるが、おそらく近くにいた野牛に怪我を負わされたのだろう。長さ5メートルのオーロックスのような巨大な像のほか、多数の小さな幾何学的で抽象的な記号、さらには手形も見られる。こうした作品をどのように解釈したらよいのか、洞窟絵画を描いたアーティストたちはその手がかりを残してくれてはいないため、専門家ができるのは仮説を立てることだけだ。芸術のための芸術だという指摘もあれば、洞窟を聖域とみなすことで宗教的な意味をもつとする見解もある。さらに、世界の成り立ちを説明しようとした原始的な試みだったとする見方もある。人間はこの時代にすでに「われわれはどこから来たのか?」と自問していたのだろうか。

芸術と手法

ラスコーのフレスコ画が遺跡として残り、その分析が行われたことで、当時の創作の様子の解明が進んでいる。絵の具は鉱物の染料をもとにつくられていた。木炭は黒色、鉄分が豊富な石であるヘマタイト（赤鉄鉱）は赤色、粘土と酸化鉄（錆）の混合物は黄土色といった具合だ。粉末状態にしたうえで、水や油が結合剤として使われた。こうしてできた絵の具は指に毛で塗布したり、皮片で作った型紙や嚙んだ棒にも塗布したりした。空洞のある小さな骨を使って口で吹き付けることもあった。アーティストたちは、洞窟の高いところに手が届くよう足場を組み直すといった知恵を持ち合わせ、岩の浮き彫りで動きや遠近感を表現するなど、熟練した技も披露している。

愛犬ロボの嗅覚

　むかしむかし、マルセル・ラヴィダという青年がいました……。こうして、おなじみのおとぎ話のスタイルで紹介するのがふさわしいだろう。というのも、洞窟発見の物語は語り伝えられ、内容も広がりを見せながら、伝説と化していったからだ。マルセルはそのとき18歳で、モンティニャックに住んでいた。1940年9月8日の日曜日のことだった。ラスコーの丘の空き地で愛犬のロボを散歩させていたところ、突然、ロボが走り出した。ウサギを追いかけているのだろうか？　向かう先は、ずっと昔に倒木で空いた穴だった。ロボは繰り返し土をかき削り、直径20センチほどの別の穴を掘った。マルセルは小石をいく

つか拾ってそこに投げ入れた。ずっと深いところに落ちていったようだ。「見つけたぞ！」とマルセルは思った。「ラスコーの館に通じる秘密の通路を見つけたぞ。言い伝えを聞いていたけれど、本当の話だったんだ」。中に入るには、入り口を通れるよう手を打つ必要があったが、道具や人の助けがなければ難しそうだった。

4人組

そこで、辛抱強く次の木曜日の12日まで待った。その日、マルセルは休みだったからだ。手作りの大きな包丁と灯油ランプを携え、友人3人を連れて、わくわくしながら宝探しの旅に出ることになった。この喜びいっぱいの4人組は、同じくモンティニャック出身のジャック・マルサル（15歳）、学校が休みで祖母の元にいたジョルジュ・アニエル（16歳）、それにユダヤ教徒で、ナチスの手が届かない「自由地域」に逃れていたシモン・コエンカス（13歳）からなる。4人は入り口をふさぐものを取り除き、下りていけるように穴を広げた。マルセルがまず下りていき、残りの3人もすぐに追いついた。前方を照らす灯りがないため、壁に絵画が描かれていることにはすぐには気づかなかった。少し先に進んだところで光が当たり、4人はびっくり仰天した。光が映し出す先に、シカ、馬、そして何よりも黒い頭を持つ大きな赤い牛が描かれていたのだ。興奮した4人は翌日、装備を充実させて現地を再訪した。とくにロープを持っていったのは、空洞に深さ5メートルの裂け目があったからだ。その裂け目は、のちに地上と洞窟を結ぶ通路である「立て坑」と呼ばれることになる。翌日も探検は続いた。

大人も加わる

　4人組のうちの1人、ジャックはとうとう両親に話し、小学校時代の恩師であるレオン・ラヴァルに知らせることになった。ラヴァルは18日に穴から下りた。かねてから先史時代に強い関心を持っていて、これは本物の発見だとの思いを強くした。ラヴァルから知らされ、間違いないと太鼓判を押したのは、ブリーヴに身を寄せていた先史時代と洞窟壁画の権威、ブルイユ神父ことアンリ・ブルイユだった。この話はブルイユ神父にとどまらず、地元でまたたく間に広がり、興味津々の人たちがひしめくに至った。神殿の番人のような役回りとなったマルセルとジャックの案内で、たった1週間で1500人もの人が現地を訪れたという。アンリ・ブルイユが最初の検証を進め、洞窟内の遺物の収集作業もなされ、戦争という不穏な時代のさ中であるにもかかわらず、洞窟は1940年12月27日、歴史的記念物として登録された。

押し寄せる観光客

　この洞窟はラ・ロシュフコー伯爵の私有地にあり、1941年の夏、チケット売り場（入場料2フラン）と軽食バーが設けられた。米映画の考古学者インディ・ジョーンズのようなこうした面々がドルドーニュの県都ペリゴールに登場したが、残念ながら、戦争が始まれば、マキ〔対独レジスタンス組織〕、対独協力強制労働（STO）、戦闘といった現実と向き合わざるを得なかった。こうして戦時中は、洞窟に描かれた動物たちはしばし観光客から解放され、何千年も続いていたかつての静かな日常を取り戻したのである。

　1945年にマルセルはモンティニャックに戻った。ラスコーの所有者は中断していた入場料徴収による一般公開を再開するつもりで、マルセルを改めて雇ってその態勢をきちんと整えることにした。当

然、将来のガイド役はマルセルが担うことになる。ガイド役はもう1人必要で、パリにいるジャックに声がかかると、喜んで戻ってきた。1948年7月14日、旧石器時代の作品の一般公開が再開した。歓迎する声の一方で、観光客が殺到することはダメージを被る洞窟にとっては、はなはだ迷惑なことだった。1963年、文化大臣のアンドレ・マルローは、一般公開に終止符を打った。確実に絵画を保存するには、そうするしかなかった。

長引く闘病

1950年代から「白の病気」が発生した。観光客が過剰に殺到したため、人間の呼吸で二酸化炭素の濃度が高まり、壁の反応を引き起こした。炭酸カルシウムからなる白い方解石のベールで、作品が覆われ始めたのだ。新たに工事が施され、二酸化炭素の抽出システムが導入された。1960年代には、藻類が増殖する「緑の病気」が大惨事を引き起こした。対策として、主に抗生物質やホルマリンの噴霧が行われた。壁画の状況を改善するには時間がかかる。2000年代初頭、キノコが侵入したのに続き、黒い斑点が出現した。新たな生物気候危機は2017年に阻止されたが、再発しないと確約はできない。

古代のレプリカ

全人類が誇る財産を自由に鑑賞する権利はどうなるのか？ その財産を守る義務という課題もあり、この難解な方程式をどのように解い

たらよいのか？　そこで、レプリカを作成するという解決策が浮上した。「ラスコーⅡ」だ。同じ丘の上、元の洞窟から約200メートル離れたところで、地下に居並ぶレプリカが実物の一部代役を果たすことになった。起伏は鉄筋コンクリートのシェル構造で忠実に再現され、フレスコ画は先史時代に使用されたものと同じ天然染料を使って復元された。このレプリカの展示が始まった1983年以来、1000万人以上が現地に殺到し、さらに驚くべきことに毎年数万人が訪れ続けているのだ。「先史時代のヴェルサイユ」を完璧に再現した「ラスコーⅣ」が2016年末に登場したにもかかわらずだ。ラスコーⅡとラスコーⅣの間にはもちろん、ラスコーⅢがある。2012年に始まった巡回用の展示だ。壁と絵画を実物大で再現したレプリカが、すでにシカゴ、モントリオール、東京で公開された。さらに、博物館のウェブサイトでバーチャルなツアーが提供されていて、世界中のどこでも、自宅から何千年も前の伝説の世界に浸ることができる。

権力を持てる者、持たざる者

2010年9月12日の日曜日のことだ。ドルドーニュに、アンシャン・レジームの香りが漂った。ラスコー洞窟が保存の危機に直面するまさにその最中、当時のニコラ・サルコジ大統領は洞窟の発見から70年の節目を祝おうと、妻のカーラ・ブルーニ、息子、文化大臣、そして記念撮影を担当するカメラマンとともに、短時間の現地訪問に踏み切ったのである。30分までが限度とされているところ、大統領は1時間近く歩き回った。着用義務のはずの帽子をかぶることもなかった。

――この並外れた洞窟は、訪れる人を驚かせてやまない。芸術的な関心であろうが、趣味であろうが、生きていれば奇跡が起きてほしいと切に願うものだが、これにこたえ続けるのが、ラスコーの洞窟なのだ。

ジョルジュ・バタイユ『ラスコーの壁画』(1955年)

追加インフォ

1994年12月18日、3人の洞窟探検の愛好家たちの手で、ヴァロン・ポン・ダルク（アルデシュ県）近くのショーヴェ洞窟が発見された。ラスコーよりもずっと古い遺跡だった。これまでに発見された最古の美術ギャラリーで、最古の絵画は3万6000年前に遡る。何度か起きた地滑りが功を奏し、完全な状態で保存されている。とくに、2万1500年前の最後の地滑り後は、入り口が閉鎖されたままになっている。ラスコーにおける過ちを反面教師に、洞窟への一般立ち入りは禁じられたが、2015年からレプリカの洞窟が公開されている。クマ、マンモス、ライオン、さらには洞窟壁画では初めて発見されたフクロウやヒョウも含めた動物たちを描いた約千点の絵画が再現されている。

5つの数字で語るラスコー洞窟

- 高低差は30メートル。
- 最も多く登場する動物は馬で、355のバリエーションが描かれている。

- 1500点の刻み絵が確認されている。
- 壁画には15種類の異なる色合いがある。
- ラスコーIVには5年間で200万人が訪れた。

カルナック列石
―― 貴重な巨石の数々

メンヒル（巨石）の配達人として有名なオベリックスが登場するフランス漫画『アステリックス』〔小柄なガリア人が古代ローマ人を出し抜くストーリーの人気漫画〕は、時代の設定が正確ではない。現在のブルターニュ地方など一帯はかつてアルモリカと呼ばれていたが、その地にいたこうした「フランス人の祖先ガリア人」は、紀元前1世紀のジュリアス・シーザーと同時代の人たちだ。ただ、漫画の主人公がイメージするように、何千年も前に遡るフランスの名高き巨石遺跡を実際に手がけたわけではない。巨石はその謎ゆえに、他にはない個性がいっそう際立っている。

カルナック列石

先史時代と古代

紀元前	4500-2500	列石が建てられた時期
	3700頃	カルナックの墳墓から発掘された木炭による年代測定
	1834	英国人フランシス・ロナルズとアレクサンダー・ブレアのデッサン（ブルターニュ地方カルナックでのスケッチ）
	1873	スコットランド人、ジェームズ・ミルン・デ・ウッドヒルによる発掘調査
	1882	カルナック先史時代博物館におけるウッドヒルのコレクション展示
	1889	歴史的記念物に指定
	1970年代	巨石に暦の機能があったと、調査にあたったスコットランド人アレクサンダー・トムが結論
	2025	ユネスコの世界遺産登録の目標に設定された年

　フランスの歴史をたどる目的で選んだ2つ目のモニュメントは、実のところ石を1つ1つ積み上げた遺跡群である。これは、先史時代の建築様式の一派である巨石主義、すなわち巨石の芸術に属するものだ。英国、スウェーデン、スペイン、チュニジア、ドイツ、そしてフランス各地の大半の県でそうした遺跡がさまざまな形で見つかっており、フランスのブルターニュ地方、とくにモルビアンがこの巨石の芸術運動の中心であると認識すべきだろう。その地にあるカルナック列石は、そうした作品の中でもきわめて大規模なものだ。カルナックとはケルン（石を積んだ碑）のある場所で、ケルト語で石の山のことである。

私たちはラスコーで、絵を描き、石で道具を作り、採集と狩猟で暮らしていた祖先のホモ・サピエンスに出会った。紀元前5000年にタイムスリップすると、人類は定住し、土地を耕し、家畜を育てていた。新石器時代に入り、当時の習慣として、石器を梃子のように使って岩から石を切り出していたことがわかる。岩の露出部は、こうした作業に必ずしも適した場所にあったわけではなく、大きな石を丸太に載せてロープで引っ張って運んだ。目的の場所まで運ぶと、穴を掘って、土のスロープをきちんと作り、巨石を傾けて落とし込んだのだ。

石の山

ブルトン語の「メン」は「石」、「ヒル」は「長い」を意味し、よってメンヒルは「長い石」あるいは「立った石」を意味する。カルナック列石はまさにこのメンヒルの遺跡に該当するのだが、加えて他の様式もある。専門家はとくに彫刻が施されている場合、石碑と好んで命名するのに着目してほしい。メンヒルを円形に多数並べたものをクロムレック（ストーン・サークル）と呼ぶ。ドルメンは、ブルトン語で「テーブル」を意味するトールと、「石」を意味するメンからできていて、その外観から「石のテーブル」と呼ばれている。これは、水平の石板を2つの垂直の巨石（オルソスタット）が支える構造になっている。乾いた石で覆われていることもあって（組み立てには漆喰も結合剤も不使用）、その場合はケルンと呼ばれるが、さらに、土で覆われる場合は墳丘墓という呼び名が好まれる。今日目にする単純な「裸の」ドルメン（支石墓）は、時間の経過とともに、最初に土や石で覆われ

ていた部分がなくなっている。それらは集団の埋葬施設としての役割があった。発見された骨のおかげで、この結論に達することができたのである。

見事な共同作業

　メンヒルが並ぶ野原は約4キロにわたって広がり、そこに約3000個の石が集まっている。おそらく1万個を数えるまでに至ったと考えられる。「ローマは1日にして成らず」と言うのと同じように、この列石は、エジプトのギザのピラミッド（紀元前2560年頃）に先立つ紀元前の5000年から3000年の間に作られた。カルナック村の北には、メネック、ケルマリオ、ケルレスカンの3つの列石群がある。さらに、樹木が茂ったエリアの端に位置し、約100個のメンヒルが7列に並んでいるプティ・メネックの列石をこの3つの列石群と同列に加えることもある。

　メネックは1キロ余りにわたって広がっている。71個の石からなるクロムレック（円形に配置された複数のメンヒル）を皮切りに、11列の合計1050の石塊が並ぶ。ケルマリオはこれに続き、ドルメンを先頭に1029個のメンヒル（10列に配置）で構成されている。北に向かって歩くと、カルナックで最も高い6.5メートルのメンヒル、マニオの巨石を目の当たりにする。ケルレスカンにはクロムレックと13列に並ぶ555個の石がある。

　現地の調査は綿密に実施された。一連の列石が組織化され、階級化が進んだ共同体によって作られたことを明らかにするのが目的だった。政治的、宗教的、あるいはその両方に関わるかどうかはともかく、上位の指導者が建設を命じ、仕様を決し、技術者や施工責任者を雇用し

ていた。さらにそのもとで、多数の労働者を働かせていたことになるが、その間に農業や牧畜に従事することはなかった。それが問題にならなかったのは、こうした石のモニュメントが共同体全体の利益、つまり部族の利益につながるものとされたからだった。

列石の上の漁網

しかし、そもそも何のためにこんなことをしたのか。列石の役割は依然として謎に包まれており、論拠があるものから突飛なものまで、理屈の上では数多くの仮説が提起されている。礼拝所だったという説は、この場所が新石器時代の言わばヴァチカンであり、一連のメンヒルが神聖な道になるよう現地の道を舗装し、あるいはその輪郭を区切る役割だとみなすもので、それが有力視されたこともあった。また、列石はとくに多産崇拝に捧げられたのではないかという問題提起もあった。男根のような外観は、女性がそれに触れて9か月で可愛い赤ちゃんを授かろうとする様子を彷彿とさせる。もっと現実味のある説としては、魚介類を捕獲するための網を乾燥させる目的だったというのもあった。スポーツ競技のための施設だったという説や、領土の境界を定めるためだったという説、さらには地震の予知にまつわる説も出た。一方、3世紀に聖コルネリー（ローマ教皇コルネリウス）が自身を追いかけるローマの兵士たちを石に変えてしまったという地元の伝説もある。聖コルネリーを迫害した皇帝ガッルスが兵士を派遣していたのだ。

　　―――〔前略〕もし私が、カルナックの石についての私の推測は何かと尋ねられたら、誰しも自分の見解があるので、私は反論の余地のない、否定できない、抗しがたい意見を表明するだ

ろう。〔中略〕そして、その意見というのは、カルナックの石は巨石だということだ。

ギュスターヴ・フローベール
『ブルターニュ紀行　野を越え、浜を越え』(1847年)

「我らが祖先はドイツ人」説

ナチス・ドイツによるフランス侵攻の前、ナチスの考古学者たちは巨石への興味からカルナックを訪れ、博物館の館長であるザカリー・ル・ルージックに迎えられた。考古学者たちの分析は、ゲルマン民族の純粋さを主張するイデオロギーの後押しをするようになる。元来の「インド・ゲルマン語族」の人たちは、世界を征服しようとバルト海沿岸から出て、とくにブルターニュに定着したという説だ。その証拠に、カルナックの立石は、こうして入植する過程で現地に持ち込んだ芸術品だったというのだ。この神話によって、ドイツ人は歴史的にも、先史時代においても領土の権利を取り戻すことに正当性があると主張した。1940年にフランスのこの地域がドイツに侵攻されると、ナチスの考古学者たちは捕虜の助けも得て、発掘チームをカルナックに派遣して研究を続けた。さらに1941年と1942年に2つの新たな取り組みがなされた。戦争の激化に伴い、目の前に迫る現実が過去よりも優先され、研究は終了した。

列石が暦として使われたという説も、有力な推論の1つだ。列石群

の向きの観察と精密な計算により、その列石が春秋分点と夏冬至点を予測する太陽暦として使われ、さらには春秋分点を予測する太陰暦としても活用されたことが証明されるだろう。こうした天文観測の解釈はさまざまな議論があるところだが、私たちの遠い祖先がすでに星に思いをはせていたという説は喜ばしいものだ。

追加インフォ

カルナック列石から約10キロのところに、突出した巨石遺跡であるロクマリアケールがある。現地では、3つの巨石が注目を集めている。中でも際立つのは巨大ながら割れてしまったメンヒルだ。紀元前4500年頃に立てられ、1世紀後に破壊されたのは確かなのだが、その理由はわからない。地面に横たわって4分割された巨石は、長さ20メートル60センチ、重さは280キロで、当時のものとしては並外れた大きさだ。その巨石を形作る花崗岩は、10キロ離れたところで採掘された。発見された複数の穴の状況から、18個の石塊と一直線に並んでいたことがわかった。ロクマリアケールにある他の2つの驚異的な巨石と合わせ、遺跡群を形成している。その2つとは、天井の高さ（2.5メートル）が際立つ埋葬室を備えたドルメン「商人のテーブル」と、著名な人物のための密閉された墓所であるエル・グラーの墳墓のことだ。

| 5つの数字で語るカルナック列石 |

- 遺跡全体には約3000個の石が並ぶ。
- 列石は4キロ近くに広がる。
- 立石の中にはわずか50センチの高さのものもある。
- 年間60万人以上が訪れると推定されている。
- サン＝ミシェル墳墓は高さ10メートル、長さ125メートル。

コンコルド広場のオベリスク
―― 残された未亡人と子ども

パリ最古のこのモニュメントは約3300年前にまで遡る。パリでは住民がちょうど、木製の丸木舟を作れるようになった頃だった。では、パリになぜ、きわめて高度な文明を物語るこの宝物のような建造物があるのか。実は、エジプトからフランスに対する贈り物だったのだ！

コンコルド広場のオベリスク

「コンコルドのオベリスク」は、それが建立されたパリの地名を示すだけでなく、コンコルド〔調和の意〕という言葉が示す通り、協調さらには和解のモニュメントでもある。なぜなら、そこに歴史の重みがあるからだ。最初は1763年に広場が公開され、その地は「ルイ15世広場」と名付けられた。そこはそれまで手つかずのままだった土地の

紀元前	1250	ルクソール神殿の入り口に一対のオベリスクが建立される
	1830	ムハンマド・アリによって、オベリスクがフランスに寄贈されることに（11月29日）
	1831	ルクソール号、トゥーロンを出発（4月15日） ルクソールに到着（8月14日） オベリスクを撤去（10月31日）
	1832	ルクソールを出発（8月25日）
	1833	パリ到着（12月23日）
	1834	オベリスクの陸揚げ（8月8日-10日）
	1836	オベリスクがコンコルド広場に建立される（10月25日）
	1981	フランソワ・ミッテラン大統領が2つ目のオベリスクについて断念を表明
	1998	オベリスクの上に金箔をはった青銅製の小ピラミッドを設置
	1999	大型日時計の針の役割を担う
	2022	独ケルヒャー社と提携した清掃・修復作業

一角で、地元の役人たちがルイ15世に捧げる国王自身の人物像を設けたことが命名の由来だった。

すでに1792年、こうした像を台座から下ろして撤去することが頻繁に行われていた。王政が廃止される中、ルイ15世の像も同じ運命をたどり、その場所も「革命広場」と呼ばれるようになった。その時代をいっそう映す別のモニュメントがそこにそびえ立った。ギロチンである。ルイ16世が1793年1月21日、マリー＝アントワネットが

1793年10月16日に斬首されたのは、この地だった。それに、シャルロット・コルデー、オランプ・ド・グージュ、デュ・バリー夫人、ダントン、ロベスピエールらも続いた。

1795年当時の総裁政府は恐怖政治を過去に追いやり、「未亡人」とも呼ばれたギロチンの記憶を払拭しようと腐心し、その地を「コンコルド広場」と命名した。

1833年からルイ＝フィリップ1世のもと、建築家ジャック・イニャス・イトルフによるコンコルド広場の再整備が行われた際、広場に不可欠なモニュメントをどうするかという懸案があった。革命後の激動のフランスでは、重い意味合いのある場所に国王の像を設置して火種を生むのは論外だ。政治的に中立であることが不可欠だったのだ。ちょうど、フランスはエジプトから、その古代文明の最も美しい遺産の1つをエジプトから贈られたばかりだった。それが古代エジプトの象形文字が刻まれたオベリスクだったのだ。

ファラオの時代

紀元前の16世紀から11世紀にかけて、エジプトは「新王国」の時代となった。混乱と占領の時代を経て国は再統一され、ファラオの権力が回復された。ナイル川東岸にあるテーベは第18王朝と第19王朝の首都となり、ツタンカーメンやラムセス2世などの名高いファラオを輩出した。テーベのカルナックでは時間をかけて、王の守護神であり、神々の王であるアモン神に捧げられた神殿をはじめとする世界最大のカルナック神殿複合体を建立することで、権力を誇示した。アメンホテプ3世（紀元前14世紀）は、ルクソール神殿に一種の

別館を設けた。ラムセス2世（紀元前13世紀）は、この「南のハーレム」に増築を行い、入り口に自分の巨大な立像と一対のオベリスクを設けたのである。

中古の贈り物

　1830年、エジプト総督ムハンマド・アリは、フランスにルクソール神殿のオベリスクを贈ることを決めた。フランスがインフラ（灌漑システム、病院）を整備し、軍隊を強化するのに技術者や兵士を派遣してくれたことに感謝の意を表すためだった。遺跡が略奪された過去にはほとんど関心を示さず、アリ総督はこう表明した。「フランスがエジプトのためにしてくれたことを、こちらからフランスに対してしたまでだ。こちらからフランスに古い文明の名残を提供するのは、フランスが東洋に新しい文明の種を蒔いたことへの見返りだ」。1822年に古代エジプト象形文字を解読したジャン＝フランソワ・シャンポリオンは、1828年にピラミッドを誇るエジプトに赴いた。その際、ルクソールのオベリスクについてアリ総督と交渉を進めたのだが、狙いを定めたのは正面から見て神殿の入り口の右側にある方のオベリスクだった。総督が気前よく左右両方の提供を申し出てくれていたとしても、だった。シャンポリオンが右側のオベリックスに目をつけたのは、左側のものと比べ、少し高さが劣るものの、状態は良好であると考え、さらに彫り込まれた碑文も勝っていると判断したからだった。碑文はラムセス2世のアモン神に対する崇敬の念を表していた。例えば、ラムセス2世がひざまずいて神にワインを捧げる様子も描かれている。さらに、ファラオの名前を40回繰り返すことで、その栄光に寄与している。

オベリスクという言葉は、「小さな焼き串」を意味するギリシャ語のオベリスコスに由来する。エジプト人がオベリスクのことを最初の太陽の光を表すテケンと呼んだのとは違って、ギリシャ人はこうしたモニュメントの石柱をユニークな形でとらえていたのだ。アスワン産の閃長岩（花崗岩に近いピンク色の岩）でできた尖塔は四角形なのだが、金で覆われたピラミッド型の先端（小ピラミッド）に向かって先細りになっていた。岩は採石場で切断されて運び出され、ナイル川まで運ばれて、船で建立場所の神殿に到着した。これは、人手だけを頼りに、エジプトがいかんなくその技術力を発揮した快挙だった。1830年には、フランスが同じような挑戦に取り組む役回りとなった。長さ23メートル、重さ220トン余の「串」を1万2000キロ離れた場所に運ぶというものだった。

運送コスト

ここで必要な船は、ナイル川を航行して外洋に挑み、パリのセーヌ川をたどって数々の橋の下を通過でき、さらにオベリスクの重量に耐えられるものだった。特別仕様の平底の帆船がトゥーロンの軍の工場で建造され、そこから1831年4月15日に出航した。ロラン男爵が設計を手がけたマスト3本、全長40メートルのこのルクソール号には、100人ほどが乗り込み、多種多様の機材が積み込まれていたが、その中に技師ジャン＝バティスト・アポリネール・ルバの姿もあった。オベリスクを倒して船に積み込み、パリに建立する役目を担っていた。この遠征隊がエジプトに到着すると、ルバはテーベで活動するオベリスク搬出の担当チームの指揮を執った。テーベでは、エジプト人の労働者たちが雇用された。長期にわたる作業には、病院、水車小屋の建設、菜園や住宅の整備が必要だった。現場では計画通りに事が進ま

ず、ルバはオベリスクに8メートルの亀裂があることに気づいた。この破損に対処しようと、ルバは木製の型枠を作らせた。搬出開始の10月31日には、垂直軸ウインチや吊り上げ装置を駆使し、200人を動員して、25分でオベリスクは倒された。作業はこれで終わりではなく、400メートル離れたところに停泊しているルクソール号までオベリスクを運ぶ必要があった。そのための道をつくるのに、なんと途中にある30ほどの家屋が取り壊された。12月19日、ついにオベリスクは船に積み込まれたのだが、ここで船の前部を切断する必要が生じた。航海は平穏ではなく、ルートが嵐に左右され、ルクソール号を牽引したスフィンクス号に石炭を補給するため、途中で何度か港に立ち寄った。スフィンクス号はフランス海軍初の外洋蒸気船で、ルクソール号牽引用のため設計されていた。貴重なオベリスクについては、ここで特筆すべきことはない。しっかり固定されて動くことはない。揺れをものともせず、言わば船酔いとは無縁だった。1833年5月10日、トゥーロン港が見えてきた。この段階で、25日間の検疫が求められた。一行は1832年3月4日に亡くなったシャンポリオンを偲んだ。シャンポリオンはオベリスクをフランスに送り届ける作業に貢献していたのに、それを見届けられなかった。安らかに眠ってほしいという願いが込められた。1833年6月22日、船はパリに向かった。9月2日、一行はシェルブールで国王のルイ＝フィリップ1世の訪問を受けて驚いた。貢献をたたえようと勲章を持ってきていたのだ。ルーアンでは、セーヌ川に架かる数多くの橋の下を通過するのに備え、ルクソール号のマストが解体された。続いて地上を進む馬が川に沿って船を首都パリ、正確にはコンコルド橋に向けて牽引し、12月23日についに到着した。「メリークリスマス！」と言いたいところだが、贈り物のオベリスクをすぐに開封してはならなかった。

コンコルド広場のオベリスク

サルを隠せ

シャンポリオンは悲しい思いだった。ルバは、状態が悪いオベリスクの台座を持ち帰ることを認めてくれなかった。そんな重量のものを運ぶのは避けるべきだということだった。彫刻が施された装飾品だけが船に積まれた。それが生殖器を露出したサルの群れを描いているとわかったとき、当局はモラルの問題から、広場への設置は不適切と判断した。上機嫌のブルジョワがマダムと一緒に馬車に乗って、その近くを通り過ぎるのには、あまりに下品な光景となるのは目に見えていたからだ。そこで、新しい台座がすぐに発注された（サルを描いた装飾品はルーヴル美術館に保管された）。新しい台座は高さ9メートル、外観は一枚岩だが、ブルターニュの花崗岩の5つの石からできていた。台座全体はオベリスク本体よりも重く、ブルターニュのフィニステールから輸送するにはルクソール号を改めて運航させる必要があった。新しい台座には、オベリスクの搬出、海の旅、建立までの壮大な物語が絵で描かれている。

———ラムセス2世、ある日、私の素晴らしい巨塊、
それは永遠が損なわれる場所で、
草の葉のように刈られ、転がり、
そして、パリはそれを玩具のように扱った。
花崗岩の番兵は、
巨大なものの守護者となり、

偽の古代の神殿と
国会議事堂との間にそびえ立つ。

テオフィル・ゴーティエ「パリのオベリスク」
『七宝とカメオ』(1852年)

オベリスク建立

　ここで時を先に進める。というのも、オベリスクはさらに3年近く川岸に残されたままだったからだ。この時間を使って、オベリスクの建立位置について議論がなされ、台座が用意され、ルバが最終的にオベリスクを健立する準備を整えることができた。健立にあたっては、コンコルド広場で大規模な祝典を営む必要があった。1836年10月25日、国王、王族、高官たちが、大勢の人で賑わう広場に隣接するオテル・ド・ラ・マリーヌ（海軍館）のバルコニーに立った。20万人の好奇心旺盛な人たちが集まっていた。広場ではモーツァルトの曲が流れた。「イシスの神秘」、つまり「魔笛」のフランス語版が100人ほどの音楽家によって演奏された。雰囲気は最高潮に達し、メガホンを持ったルバの号令により、建立に必要な機械が起動した。実は前日、不慮の事故が一瞬にして起きていて、関係者に動揺が走っていた。リハーサル中に男性1人がクレーンから転落して死亡したのだ。ルバはこの日、オベリスクの下に立って、失敗した場合には下敷きになってきっぱり死ねるようにした。死を選んだ方が、公衆の面前での不名誉よりもましに思えたからだった。結局、すべてが計画通りに進み、3時間の作業を経て午後2時30分、歓声と拍手が鳴り響く中、オベリスクが建てられた。パリっ子であることを誇りに思うなら、手をたたこう！

オベリスクにコンドーム

1990年代、エイズは依然として猛威をふるっていた。この問題への意識を高めようと、熱心なキャンペーンが展開された。1989年に設立された団体「アクト・アップ・パリ」は、ショッキングな行動をしてこそ、最大限のPR効果があるというメディア社会の特性を理解していた。1993年12月1日、世界エイズデーの午前8時、メンバーたちはコンコルド広場のオベリスクを長さ30メートルの鮮やかなピンク色のコンドームで覆った。コンドームは、衣料品ブランドのベネトンが提供した。このとき、コンコルド広場は「エイズの死の広場」と銘打たれ、その様子を伝える映像は世界を駆け巡った。

追加インフォ

フォンテーヌブロー城（セーヌ＝エ＝マルヌ県）の近く、オルレアン街道沿いにあるありふれたロータリーの中央に、高さ21メートルのオベリスクが立っている。このオベリスクは1949年以来、歴史的記念物に指定されていて、4つのマイルストーン（大都市の方向と距離を示す石の柱）に囲まれている。この地域では「ピラミッド」とも呼ばれているが、「マリー・アントワネットのオベリスク」の方が一般的だ。言い伝えでは、これはローマのサン・ピエトロ広場にあるオベリスクの縮尺模型で、地元の人々がアントワネットに贈ったものだ。実際には1785年、城の建設を手がけた水利

と森林の管理者、ド・シェサック氏の発案だったようだ。それでも、アントワネットとその子どもたちへの献辞が刻まれていることに変わりはない。

5つの数字で語るコンコルド広場のオベリスク

- 長さは23メートル。
- 重量は約220トン。
- パリ最大の8.64ヘクタールの広場に立つ。
- コンコルド広場に設置するのに350人の砲兵が動員された。
- 小ピラミッドの高さは3.6メートル。

ポン・デュ・ガール
—— 橋と車道

ラングドックの誇りであるこのモニュメントは、フランスが古代ローマの属州に過ぎなかった時代に建てられた。きわめて保存状態がよいのは、岩に固定された基礎のおかげで、技術面で高い専門知識があったことを物語っている。

ポン・デュ・ガール

紀元前753年、ロムルスが双子の弟レムスを殺したあとにローマを建国したと言い伝えられている。その頃、ケルト人はすでに東欧から大移動を始め、のちにフランスの領土となる「ガリア」に移り住もうとしていた。紀元前2世紀、ローマ人はガリアで勢力を拡大し、次の世紀になると、ジュリアス・シーザーがガリアの完全征服を狙った。シーザーは、アルウェルニ族を率いるウェルキンゲトリクスのもとで団結して抵抗する住民に阻まれることもあったが、その状況も長

先史時代と古代

40-60	推定建設期間
1743	道路橋の追加
1844-1855	大規模な修復を行う
1985	ユネスコの世界遺産に登録

くは続かなかった。ウェルキンゲトリクスは紀元前52年9月のアレシア（現在のディジョン近く）の戦いでシーザーに鎮圧された。それ以来、ガリアはローマ化され、地元住民はガロ・ローマ人となり、入植者の生活様式、言語、インフラを受け入れた。ガールの水道橋は、技術的な快挙であると同時に芸術作品でもあり、ローマ人への同化を物語るものである。

　ポン・デュ・ガールは、ニームに飲料水を供給するために西暦40年から60年にかけて建設された長さ50キロの水道橋の中核をなす。水はユゼス近くのウールの泉から汲まれ、噴水、共同浴場、富裕層の邸宅にきれいで新鮮な水がふんだんに供給された。ニームの発展と人口増加を背景に、貴重な水が枯渇しつつあった。とくに衛生、下水道網の排水、消火態勢を充実させ、洗濯業など都市部で従事する人たちの増加に対応するには、水が必要だった。水道橋は、水道管がガールの深い渓谷を横断できるように建設された。その実現のため、建築家たちは高さがローマ域内で最大の橋を設計した。1000人近くが動員され、建築現場は大規模になった。この橋は3層で、当初は合計64のアーチからできていた。建設に必要な黄土色の石と石灰岩は、主にガール川の左岸にあるエステル採石場から採掘された。

新たな用途

　石灰質の堆積物に塞がれ、水道橋は6世紀初頭頃に機能が止まってしまった。12世紀に、3番目の層にあった12のアーチが失われ、85メートル短くなった。ここから石が持ち出され、教会や周囲の建物の建設に使用されたと考えられている。中世になると、交通路への転換が始まった。ユゼスから有名なボーケール見本市に行くのに、とくに欠かせないルートだった。商人や客は、この目的のために新設されたアクセススロープを使用して、荷車や荷物を2番目の層に移動させた。通行は無料ではなく、ユゼスの司教たちは通行料を定め、収入源とした。橋の道路としての機能は18世紀に道路橋が追加され、近代化が進んだ（囲み記事を参照）。当初の水道橋の用途に戻ることはなかったのだ。

橋の陰に橋あり

水利技師アンリ・ピトーの指揮の下、1743年から1747年にかけて下層部分に建設された道路橋が、ローマ遺跡であるポン・デュ・ガールの東側ファサードに接続されている。石はポン・デュ・ガールの場合と同じ採石場から採取されたものだった。2世紀以上にわたってこの道路橋が利用され、人間、動物、商品が活発に行き交った。しかし、鉄道の発展や他のルートの開通で、この道路橋の役目は失われていった。人や物の往来はなくなったが、いったん計画された取り壊しは免れた。現在は歩行者専用となっているが、公共サービスや緊急車両については、例外的に使用が許されている。

───私はこの素晴らしい建物の3つの階を歩き回ったが、尊敬の念の余り、足を踏み入れるのを躊躇するほどだった。巨大なアーチ状の天井に響く私の足音を耳にして、その建築を手がけた人たちの力強い声が聞こえたような思いがした。〔中略〕そして「なぜ私はローマ人に生まれなかったのだろう！」とため息をついた。

ジャン＝ジャック・ルソー『告白』（1782－1789年）

追加インフォ

ジエ水道は、フルヴィエールの丘に建設されたガリアの首都ルグドゥヌム（現在のリヨン）の入植地に水を供給していた4つの古代水道橋の中で最長である。

1世紀から2世紀にかけて建設され、ジエという名前の由来は、水を引いたサン＝シャモン（ロワール県）の南を流れるローヌ川の支流だ。その運用期間は200年と推定されている。技術力がいかんなく発揮されたその水道は、地形の起伏に沿って曲がりくねっていて、全長86キロ、直線距離だと42キロにわたって伸びている。ローマ時代の92か所のアーチのうち、72か所が今も残っていて、シャポノ（ローヌ県）のプラ・ド・レール遺跡ではフランス最長のアーチの連なり（550メートル）が見られる。

5つの数字で語るポン・デュ・ガール

- 高さ48.77メートルで、古代ローマ域内で最も高い橋。
- 長さは当初360メートルで、275メートルに短縮された。
- 建設には2万1000立方メートルの石を要した。
- 現場作業は5年間続いた。
- 2019年には85万人近くが訪れた。

ニームの円形闘技場
―― 喧噪のアリーナ

ニームが「フランスのローマ」と呼ばれるのは、まさにふさわしい。メゾン・カレ〔古代ローマ時代の神殿〕、マーニュの塔〔古代ローマ時代の監視塔だったといわれている〕、そしてなにより、地元が誇るコロッセオであるニームの円形闘技場があるからだ。

ニームの円形闘技場

ポン・デュ・ガールに続き、南フランスでガロ・ローマ文明の遺跡をもう1つ取り上げたい。ニーム近くのバリュテル採石場とロックマイエール採石場から切り出された巨大な石で作られた円形闘技場である。その名前の由来はラテン語の「アレーナ」で、闘技場を覆った砂

80頃	工事開始
1100	円形闘技場を守る騎士団
1853	殺しを伴う初めての闘牛
1952	初の公式闘牛祭

を意味する。

1世紀末にネマウスス〔現在のニーム〕に建てられた。当時は2層からなり、各層に60のアーケードがあって、装飾品(アティックと呼ばれる装飾壁)が施されていた。奴隷や囚人らが剣闘士となって戦う場を想定して設計されており、処刑のほか、人間と野生動物が対決する見世物にも使用された。

観客席は一部が一般公開された。34列の階段席は傾斜していて、水はけにも役立っていた。観客は身分に応じて4つのゾーンに分けられた。社会的地位が最高の人たちには、闘技が行われる場所から最も近い席が割り当てられた。逆に、最貧層、奴隷、使用人、売春婦は、最上部の遠い位置の席が与えられた。多数の階段と「ヴォミトリウム」と呼ばれる広い通路を設けることで、会場全体の人の流れを良くし、混雑を避けられるようにした。

知られざる恩人からの贈り物

このモニュメントは時の権力者が手がけたものではなかった。寛大な個人の尽力によるものであり、それはヘレニズム世界から受け継がれた慣習だった。このモニュメントにつ

いては、だれの手によるものかはわからない。実際、後世になって、「エウエルゲテス」（善い行いをする人）がだれのことを指すのか、わからなくなってしまったのだ。古代ギリシャ語に由来する「エウエルゲテス」は、古代において建物など地域社会の利益のために自分の財産から費用を賄った裕福な名士を指した。

ローマ帝国崩壊で新たなページ

　時代は巡り、別の「娯楽」が登場するということなのか。さまざまな事情から、この円形闘技場は閉鎖されるに至った。キリスト教は2世紀以来、しっかりと根を下ろし、数十年にわたる迫害を経て、ローマ皇帝コンスタンティヌス1世が313年に公認するに至った。キリスト教の道徳的な監視の目が行きわたり、ローマ人の退廃を示す見世物を悪者扱いした。同時にローマ帝国は末期を迎えており、分裂後の西ローマ帝国は最後の皇帝ロムルス・アウグストゥルスが476年に野蛮な指導者によって退位に追い込まれ、崩壊が正式なものとなった。当初、ローマはアレマン人、フランク人、サクソン人、ゲルマン人、ブルグント人、西ゴート人などの侵入をなんとか食い止めたが、最終的にはその文明の終焉を受け入れざるをえなかった。そして、ローマが誇った娯楽も、同じ運命にあったのだ。

　6世紀には、アーケードが壁で囲まれ、円形闘技場は要塞に姿を変えた。続いて、軍事面の役割がなくなると、14世紀には周囲から守られた集落となり、そこには約200軒の家、工房、倉庫、2つの教会、小さな城があった。こうした状態が続いたおかげで、例外的に保存状態が良かった。採石場になってしまうのを免れていたのである。

19世紀初頭、取り壊しや撤去の作業のあと、大規模な修復工事が始まった。こうして当初の用途が復活した円形闘技場では、1853年に初めて牛が殺される闘牛が催された。ガール県の県都ニームは闘牛祭のおかげで、フランスにおける闘牛の中心地になった。

毎年、円形闘技場をいっぱいに埋め尽くすのは、再現される歴史に浸りながら過去にタイムスリップしようと集まる観客たちだ。まるで大ローマ競技大会を観戦しているかのような気分を味わうのである。

> ───やや楕円形の大きな円形闘技場で、全体が長さ2トワーズ〔1トワーズは約2メートル〕の大きな石で建てられており、モルタルを使わず、その重さだけで1600年以上そこに立っている。〔中略〕中には大きな石の椅子が周囲にあるだけで、人々はそこに座って獣や剣闘士の戦いを観戦していたのだ。
>
> ジャン・ラシーヌ、ル・バスール大修道院長への手紙（1661年）

追加インフォ

1世紀に遡るオランジュの古代劇場は、欧州で保存状態が最もよい。それは、その舞台の壁についても当てはまり、ルイ14世は「（自分の）王国で最も美しい壁」と言った。その建築はローマとギリシャから得た着想を組み合わせたもので、古代ギリシャのデルフォイの劇場を思い出させる。観客席は、部分的にサンチュートロープの丘を背に設けられており、9000人の観客が見世物を見た。4世紀に閉鎖され、16世紀に多数の住宅が周囲に建てられたが、修復を経て、19世紀になってようやく、本来の役割を取り戻した。1869年には、

演劇、クラシック音楽、バレエを組み合わせたフランス最古のフェスティバルである「ローマ祭」が開催され、1902年に「コレジー」〔「合唱隊長」の意〕と改名された。

5つの数字で語るニームの円形闘技場

- 円形闘技場の高さは21メートル。
- 120のアーケードは60本の柱で区切られている。
- 楕円形の円形闘技場で、縦133メートル、横101メートル。
- 68メートル×38メートルのトラックがある。
- 当初は2万4000人分の座席があった。

中世

Moyen Âge

フランスの建築遺産は、戦争のたびに技術を生かした建設が集中的に進んだ中世の姿を、石に映し出したものである。その時代、専制君主が登場してフランスという国を出現させ、キリスト教が根を張って帰属意識を生み出し、さらに道徳規範となった。「戦いは防御なり」というが、カルカソンヌの城塞、ブルターニュ公爵城はその代表例である。ルーヴル美術館は、もともと歴代のフランス国王たちが住む王宮だったが、国王と政府が権威を増すにつれて規模が拡大した。国王の埋葬地であるサン=ドニ大聖堂は、国王たちを永遠に讃えるものだ。カトリック教会は、モン・サン=ミシェルで高みを極め、パリのノートルダム大聖堂で大きく開花し、ランスで国王の戴冠式を執り行い、オスピス・ド・ボーヌで救済に寄与した。「中世」(Le Moyen Âge) のMoyenには「平均的な」という意味があるが、中世には当てはまらない。中世に平凡なものは何一つなく、すべてが堂々としているのである。

サン=ドニ大聖堂
——偉大な王たちが眠る

キリスト教の聖人の殉教とその偉業、フランス君主制の偉大さと殉教。そんな往年のフランスの霊廟が、サン=ドニ大聖堂である。

サン=ドニ大聖堂

475頃	殉教者となった聖ドニ、エルテール、リュスティックを讃える聖ジュヌヴィエーヴによる礼拝堂の建設
630頃	ダゴベルト1世が新教会堂を建設したとされる
741	宮宰カール・マルテルの埋葬
754	カール・マルテルの子ピピン3世の聖別式〔キリスト教で、聖なる使用にあてるために物や人を世俗的な使用から区別するための儀式〕
775	カール大帝臨席で新教会堂の献堂
845	バイキングによるパリ襲撃の際に修道院が略奪される
1135–1144	シュジェール修道院長によるゴシック様式の教会堂への改修
1265	聖ルイが歴代王の死者像の制作と墓所改修を命じる
1793	革命家による略奪
1806	ナポレオン1世による修復の開始
1815	ルイ16世とマリー=アントワネットの遺骸が墓所に埋葬される（1月21日）
1966	新発足したセーヌ=サン=ドニ県の大聖堂となる

　むかしむかし……3世紀のことだ。ドニと名乗り、イタリア生まれとされる司祭がキリスト教の教えを伝えようとガリアへ旅した。もう1人の司祭エルテールと助祭リュスティックを伴って、今のパリにあたるルテティアへ向かった。ドニはその地の最初の司教として力を尽くし、キリスト教への改宗者を増やした。実権を握る現地のローマ人は大がかりなキリスト教迫害に乗り出していた。当然のことながらド

ニを問題視し、その野心を打ち砕いてやろうと考え、3人の処刑を命じた。処刑場所は、メルクリウス山またはマルス山と呼ばれる丘だった。ローマのパンテオンの主要な2神を讃える神殿がその丘にあったからだった。3人が殺されたことで、その場所の呼び名が「殉教者の山」を意味するモンス・マルティラムに取って代わられた。その後、モンマルトルの丘として知られることになる。

聖ドニの奇跡

　ドニは首をはねられたが、ここで奇跡が起こる。ドニは立ち上がって、地面に転がった自分の頭を拾い上げ、脇の下に抱え込んだのだ。こうしてセファロフォア（自分の頭を持って歩く聖人）の称号を得るに至る。2人の天使に導かれて丘を下り、約6000歩歩いて、カトゥリアクス村（現在のセーヌ＝サン＝ドニ県サン＝ドニ）出身のキリスト教徒の女性カトゥラに出会った。今度はカトゥラの前で、ばったり倒れて亡くなった。カトゥラは、ドニとその頭をその地に埋葬した。この殉教者の伝説は後世に語り継がれていき、5世紀に聖ジュヌヴィエーヴがドニ崇拝を正式に打ち立てた。451年にフン族アッティラの手からパリを救い、クローヴィスの洗礼（498年頃）〔フランク王クローヴィスがカトリックに改宗したことが、ヨーロッパ世界の出発点とされる〕にも立ち会った聖ジュヌヴィエーヴは475年頃、聖ドニの墓があると神話で伝えられる場所に礼拝堂を建設することに率先して尽くしたのである。

善良王ダゴベルト1世

　大聖堂の起源を伝える寓話のもう1人の中心人物が善良王ダゴベルト1世である。夢の中で、聖ドニ、さらに一緒に斬首されたエルテールとリュスティックの3人が現れて、ある取引を持ちかけてきた。3

人が父クロタール2世を巻き込んだ争いを解決する代わりに、時が流れて荒廃した3人の墓を修復することなどを通じて、やや勢いを失っていたデニ崇拝を振興してほしい、というものだった。事態はダゴベルト1世に有利に傾いたようだ。王位に就くと、630年頃に修道院の教会堂を新たに設け、聖遺物を安置するのにふさわしい墓を建てて恩返しをした。そして639年に自身も埋葬されたことで、その地は王族の墓所としての地位を与えられることになった。

ダゴベルト1世は見事に楽園へ

サン＝ドニ大聖堂の墓所は、約70の死者像や墓があり、有数の美しさを誇るさながら美術館のようである。主祭壇の隣にあるダゴベルト1世の墓はとくに際立っている。629年から639年までフランク王国の王であったダゴベルト1世は、サン＝ドニの修道士たちから修道院を創設した立役者だと考えられていた。13世紀にその墓の石碑は、「隠者ヨハネの幻視」の物語を伝える石灰岩の浅浮き彫りが施された碑に置き換えられた。それによると、必ずしも善良ではなかった人生を終えた後、死者の魂は悪魔に捕らえられた。悪魔は、地獄へ行く途中でその死者の魂を拷問した。しかし、ここで聖ドニ、聖マルタン、聖モーリスが登場して悪魔とせめぎ合い、ダゴベルト1世は解放され、導かれて楽園に行き着いた。修道士たちは国王たちに向け、心の奥深くにメッセージを抱いていた。「引き続き私たちに力添えをいただき、ここに埋葬されてください。天国への切符が保証されています！」

ピピンの果実

　聖ドニによる庇護だけでは、フランク王国における最初の王朝であるメロヴィング朝の存続が保証されるのに十分ではなかった。メロヴィング朝は、王族に強力な人材を欠いたため、その権力は陰りを見せ、宮宰（一種の「スーパー」首相）が幅を利かせるようになっていた。そうした宮宰の1人が（小柄だったため）「小ピピン」と言われたピピン3世で、ついに戴冠して自分の王朝を始めるに至った。754年7月28日、ピピン3世はサン＝ドニ修道院で教皇ステファヌス2世によって聖別された。ピピン3世は迷うことなく、その地を選んだ。そこで教えを受け、修道院長のフルラドときわめて近い関係になった。ここにはピピン3世の父カール・マルテル（732年にトゥール・ポワティエ間の戦いでアラブ人を撃退したことで有名）の墓もあった。国王になったピピンは、そこで工事を進め、国内で最も大きく、美しい教会堂にするためなら、出費を惜しむことはなかった。768年に亡くなったことから、壮麗で広々としたバシリカ式教会堂が完成して献堂式が775年に行われた際には、出席がかなわなかった。神聖な光をもたらすランタン塔が、とりわけ魅力となっている。

サン＝ドニ大聖堂の生みの親

　この修道院は、王朝の変遷があっても国王たちの永眠の地としての役割を果たし続けた。12世紀には、当時の修道院長のシュジェールの指揮のもと、さらに重要性が増した。大規模な建築計画（1135－1144年）を実施し、その名声を少しでも高めようというのが、シュジェールの狙いだった。バシリカ式教会堂を拡張し、そのファサードを再建するのに加えて、シュジェールはフランスでいち早くゴシック様式を採用することで、時代の最先端を行った。中でも、「リブヴォ

ールト」〔ヴォールトが交差する稜線部分にリブを取り付けた、ゴシック建築でよく見られる天井様式〕のアーチ型天井を導入したことで、軽量化や採光を実現させた。さらに、大きな開口部を設けてステンドグラスやバラ窓を設置したのは、視覚に訴えることで布教を図る手法の一環だった。シュジェールはまた、3人の殉教者の遺骸や遺品を入れた聖遺物箱を地下室から祭壇の方に移動させた。

聖ルイの注文

　シュジェール修道院長が1151年に亡くなった際、教会堂の改修は完了していなかった。信仰心がとくに深かったルイ9世(のちの聖ルイ)がようやく再開し、1230年から1280年にかけて続けられた。ルイ9世は、巨大な翼廊(平面で見た十字架形の短い方の部分)における王室の墓所の改修を命じた。16の王室の遺骸を移動し、その姿をかたどった死者像(横たわる死者の彫刻)を制作し、君主制の継続性を示すためにメロヴィング朝、カロリング朝、カペー朝の王朝順に並べるというものだった。そして、自身は1271年、「世界で最も美しい」として記録された墓に埋葬された。1297年に早くも列聖され、聖人がまた1人増えた教会堂は魅力がさらに増すことになった。しかし、歴史の有為転変に無縁ではなく、フランス革命で大きな被害を受けることになる。

パリはサン＝ドニ修道院でのミサに値する

アンリ4世がプロテスタントからカトリックに改宗し、王位の正統性を確保したことについて、「パリはミサに値する」という発言をしたというのが、疑わしそうではあるが、歴史

上の記録として残っている。1593年7月25日、アンリ4世は白いサテンの衣（白はカペー朝の色）を着てサン＝ドニ修道院に行き、大きな正門の前で、司教や高位聖職者に迎え入れられた。自身の擁護者であるブールジュ大司教ルノー・ド・ボーヌとの会話が始まった。

　　——あなたはどなたか？
　　——王である。
　　——お望みは何か？
　　——カトリック教会、使徒教会、ローマ教会の信者として迎え入れていただきたい。
　　——それが望みなのですね？
　　——それを望み、願います。

続いて、アンリ4世はひざまずき、カトリックの教えの中で生きて死に、カトリックの教えを擁護し、異端を放棄すると信仰告白を行った。罪の許しを受け、ミサに参列した。

サン＝ドニ修道院に恐怖政治及ぶ

教会堂とその墓所は、何にも増して強力な君主制の象徴だったことから、フランス革命期の国民公会が1793年8月に可決した法令の対象となった。ルイ16世の監禁（チュイルリー宮殿襲撃＝8月10日事件）から1年を祝うために遅くともこの年の8月10日までにこうした霊廟を破壊するという内容だった。8月6日から8日まで、取り壊しにあたった者たちは墓を開けてそれを心ゆくまで踏みにじり、腐敗した遺骸

の中から高価な宝石を見つけると怒りを覚えた。歴史的記念物委員会は、博物館展示にふさわしい芸術作品とみなされる墓所のモニュメントについて、保存する任務を負っていた。そのトップであるアレクサンドル・ルノワールは熱心に取り組み、そのおかげで横たわる死者像をサン゠ドニで引き続き見ることが可能になったのである。

そのあとはしばらく、放置されたままになった。

その価値にふたたび光

1806年、ナポレオン1世は全権を掌握していた。前年に勃発したアウステルリッツの戦いで勝利して数週間、皇帝になって2年余りが経過していた。自身をサン゠ドニ修道院に埋葬させるつもりだったナポレオン1世は、フランスの栄光と密接に結びついている修道院の過去の栄光を復活させようと考えた。その修復は難航したが、1814年にもう一つ注目すべきことが起きた。革命で倒されたブルボン王朝が復活する「復古王政」が始まったのだ。即位したルイ18世は、サン゠ドニが永遠に生まれ変わることを望んだ。そこで、すべての王が埋葬された集団墓地の場所を掘り返させた。回収された遺骨は地下室の納骨堂に集められた。

> ———死に仕える偉大な者たちが集められたゴシック様式の修道院は、栄光に満ちていた。フランスの宝は身近なところにあったのである。〔中略〕そしてサン゠ドニの王家の墓は、時の残骸とフランス帝国のあり余るほどの偉大さが積もり積もった宝物のように、権力と贅沢の中心にあったのだ。
>
> フランソワ゠ルネ・ド・シャトーブリアン
> 『キリスト教精髄』（1802年）

建築家たちが19世紀に繰り広げた建築遺産をめぐる論争に加え、翌20世紀にはサン＝ドニ修道院の行方に影響を与える新たなあつれきが世俗主義の共和国と教会との間で生じ、1905年に政教分離法が成立した。さらに自分たちの過去の記憶に執着する王党派の存在もあった。

　今日ではサン＝ドニ大聖堂と呼ばれ、初期ゴシック様式の傑作として、墓所の彫刻を集めた世界有数の美術館のような存在である。パリの守護聖人の教会として、フランスの君主たちの墓所として、広く知られているのである。

尖塔をめぐる災難

　1219年に建てられた北尖塔（鐘楼のピラミッド屋根）は正面から見て左側にあり、86メートルの高さを誇ったが、19世紀には悲運に見舞われた。1837年に雷が落ち、約10メートル削られてしまった。この不幸のおかげで世論も沸騰し、ルイ＝フィリップ1世が現地に足を運んで同情の意を示したほどだった。この一件は、進められていた改修に弾みをつけ、予算が新たに投入された。しかし、1842年と1845年のハリケーンの被害を防ぐのには不十分だった。その結果、塔とその尖塔の損傷が決定的になり、最終的に1846年に解体された。ファサードは2012年から2015年にかけての大規模な工事が施され、すべてが順調に進めば2028年に尖塔を再建する構想が持ち上がっている。

追加インフォ

アンジェ、トゥール、ポワティエが形づくる三角形の中心に、欧州最大の中世修道院都市であるフォントヴロー王立修道院がある。1101年にブルターニュの修道士ロベール・ダルブリッセルによって設立された。男女別であるうえ、とりわけ女性が長を務める修道会である点が斬新だった。アリエノール・ダキテーヌ（1122-1204年）は（ルイ7世との結婚を通じて）フランス王妃となったあと、（イングランド王国プランタジネット朝のヘンリー2世との結婚を通じて）イングランド王妃になった人物で、修道院の威光が高まるよう尽くした。イングランドで生涯を終え、ヘンリー2世と、2人の間に生まれた息子のリチャード獅子心王の隣に埋葬されている。そのことは死者像が並んで横たわっていることからわかる。

　修道士たちは、革命の際はフォントヴローから逃げることを余儀なくされた。1804年、ナポレオンはこの修道院に別の役割を担わせた。なんと監獄である。これが1963年まで続くことになった。

5つの数字で語るサン＝ドニ大聖堂

- 建物の全長は108メートル、アーチ型天井の高さは29メートル、翼廊の幅は39メートル。
- 42人の王、32人の王妃、63人の王子と王女、王国の重要人物10

人がここに眠る。
- 死者像が70体横たわっている。
- 12世紀のステンドグラス窓のうち、現存するのは5枚のみ。
- 知名度が低く、訪問者数は年間14万人（2019年）にとどまる。

モン・サン゠ミシェル修道院
―― 驚嘆の山

モン・サン゠ミシェル修道院は、ブルターニュに近いノルマンディー沖の花崗岩の小島にある。ヴィクトル・ユゴーによれば「人々が岩の上に建物を積み上げ」、「海のピラミッド」を築いたという。その高みから、13世紀にわたって人々の営みが見つめられてきたことに、思いをはせよう。

モン・サン゠ミシェル

709	大天使ミカエルに捧げられた礼拝堂の建設
966	ノルマンディー公リシャール1世による ベネディクト会修道院の設立
1023	ロマネスク様式の修道院の建設開始
1204	ブルターニュの人たちによる村と修道院への放火
1211	「ラ・メルヴェイユ（驚異なるもの）」の建設開始
1421	教会堂の内陣の崩壊
1521	フランボワイヤン様式のゴシック建築の 新しい内陣の建設
1793	フランス革命下でモン＝リーブルと改名され、監獄となる
1879	モン・サン＝ミシェルと陸地を結ぶ最初の堤防道路
1969	ベネディクト会修道士の小さなコミュニティが戻る
1979	ユネスコの世界遺産に登録
2014	モン・サン＝ミシェルがふたたび島に

　とある夢に出てきた話が、この宝石のようなフランスの遺産が建設された原点にある。708年のことだ。地元の町アヴランシュ（マンシュ県）の司教オベールは、大天使ミカエル〔フランス語ではサン・ミッシェル〕のことを何度か夢で見るようになっていた。天の軍団を率いるミカエルは、眠っているオベールに、自身をたたえる礼拝所を建てるよう命じたのだという。選ばれた場所は最初、モン・トンブと呼ばれていた。「墓（フランス語でトンブ）のように砂浜の上に現れるため」だと言われる。この山は、海岸沿いの小さな川であるクエノン川の河

口に位置し、その最後の数キロの部分がブルターニュとノルマンディーの境界線となっているが、山はノルマンディー側にある。川が曲がりくねって流れる様子から、地元ではこんな言い方が知られている。「クエノン川は気まぐれで、山をノルマンディー側にしたのだ」

　オベールは最終的に大天使ミカエルの求めを聞き入れ、自身が建てた小さな礼拝堂は709年、聖書の中で悪魔を退治したとされるミカエルに捧げられた。そこから、モン・サン＝ミシェルという名前がモン・トンブに代わって登場することになる。オベールはさらに、南イタリアに使者を派遣し、6世紀に大天使ミカエルが俗界に姿を見せたとされるプーリア州のモンテ・ガルガーノの聖地から、その聖遺物を持ち帰るという役目を担わせたとされる。聖遺物とは、赤いコートの切れ端、大理石の祭壇の破片、その勇敢な足で踏んだとみられる岩のかけらといったものだった。

天使の入江

9月29日は、大天使ミカエルを祝う日である。天使の中でもリーダー格で、最も優れてもいた。旧約聖書と新約聖書の両方に登場する天使である。ヤハウェの軍隊の先頭に立ち、イスラエルの守護者となって、出エジプトの民とともに行進した。エリコに入る準備をしているヨシュアの傍らにいて、人々が計り知れない苦悩を感じているそのとき、ダニエルの前に立ち上がる。次に、使徒パウロは、ミカエルの合図でイエスの地上への再臨を告げる。ミカエルの最大の栄光の偉業は、黙示録において、ドラゴンとして転生したサタンとの戦いで勝利したことだ。

ミカエルとフランスとの特別なつながりを示すという意味でモン・サン＝ミシェルは重要だが、それに加えて、ジャンヌ・ダルクがミカエルの声を聞いたことで、15世紀にイングランドが駆逐されてフランスの解放につながったことも、国民が記憶しているところだ。

天空の魅力

　礼拝堂が建設されたのと同じ年、大潮のためモン・サン＝ミシェル湾の水位が上がり、山がそびえる島は本土から切り離されたようだ。このため、中世の終わりまで、「サン・ミシェル・オ・ペリル・ド・ラ・メール」〔ペリル・ド・ラ・メールは「海難」の意〕と呼ばれていた。

　911年にノルマン人によるノルマンディー公国が建国された。ノルマンディー公リシャール1世の要請に従って、966年にベネディクト会の修道院が建設された。ベネディクト会は教会参事会に代わって、8世紀以上にわたってそこに存続し続けた。修道院はこの地の魅力を高めるのに大きな役割を果たしたのである。現在の修道院の身廊〔入り口から祭壇までの中央スペース〕にあるノートルダム・スーテール礼拝堂も同様で、訪問者に公開されている。モン・サン＝ミシェルは末永く、聖ルイ、フィリップ4世（端麗王）、シャルル6世、ルイ11世などのフランス王、さらにはイングランドの王も含め、西方キリスト教会全体の重要な巡礼先になったのである。この地はまた、写本があふれる文化と研究の地でもある。モン・サン＝ミシェルは「本の街」と呼ばれ、そうした知的な面でも影響を高めていった。

　1023年、ロマネスク様式の修道院の建設が始まった。建設にあたっては、モン・サン＝ミシェル湾の北に位置するショゼー諸島の採石

場で採掘した花崗岩を使った。英仏海峡の激しい潮流に耐えうる筏に乗せて運び込んだのである。この事業は11世紀を通じて続く大規模なものだった。とくに、修道院を高い場所に建設することになり、山の頂上を削って平坦な場所を作る必要があったからだ。聖遺物が見つかったことが新たな魅力となって、巡礼は本格的に再開した。大天使ミカエルが礼拝堂を作るよう命じた際に穴を開けたと伝えられるオベールの頭蓋骨や、ミカエルの剣と盾も見つかったとされる。伝説によると、ミカエルはオベールが礼拝所の建設をためらっている様子を見ていらだち、怒りの指の一撃で頭蓋骨を突き刺したという。あるいは、それはミカエルの剣の先端だったのかもしれない。

　13世紀初頭、フィリップ2世（尊厳王）はノルマンディーを占領し、ベネディクト会の修道院長ラウル・デ・イルの下、戦時中の放火で甚大な被害を受けた修道院の再建に着手し、巨額の資金を投じた。こうして、灰燼に帰していた地に、1211年から1228年にかけて、修道院の建物を擁するゴシック様式の傑作、「ラ・メルヴェイユ（驚異なるもの）」が建造された。その際、スペース不足から、垂直方向に展開させるしかなかった。最下段に施しの部屋と貯蔵室、中段に客間と騎士室、最上段に食堂と回廊（未完成）の3層に積み重ねる方式を採用したのである。

　モン・サン＝ミシェルは、百年戦争（1337－1453年）による影響を受けなかった。その地理的な位置、1日に2回の満潮時には島の周囲の水位が上がったこと、さらに城壁も決め手になった。城壁はイングランド軍に対するまさに抵抗の砦で、決して陥落することのない要塞となったのだ。

海のバスティーユ監獄

サン＝モール修道会の修道士たちが最後に追放されると、修道院は1793年に監獄となり、その地は「モン＝リーブル」〔「自由の山」の意〕と呼ばれるようになった。過去にも部分的に監獄となったことはあったが、今回は監獄専用だ。島々が監獄となった古代の再来のようだった。

革命に抵抗する聖職者たちがそこに投獄され、その後、一般の犯罪者も加わった。監獄としての用途はすぐに終わらなかった。政治犯を収容する独房として第一帝政の時代も継続して使い続けられ、それに終止符が打たれたのは1863年だった。七月王政（1830－1848年）の下では、革命家のアルマン・バルベスやオーギュスト・ブランキら最も危険視された敵対勢力の面々が監獄の独房に送り込まれた。

ある島の可能性

15世紀までの輝かしい出来事を受け、訪問者や巡礼者がふたたび増えたものの、16世紀になると低迷した。宗教戦争がその理由だった。プロテスタントが占拠しようと攻撃して失敗したが、修道院の生活は大きな影響を受けた。さらに落雷も追い打ちをかけるように修道院を襲った。被害は物心両面に及んだ。

17世紀、サン＝モール修道会の修道士たちがやってくると、一時的に信仰への熱が復活した。修道士たちは、急を要する建物の修復に取り組んだ。したがって、フランス革命の際に革命家たちが奪い取り、司祭たちの監獄として使ったのは、真新しいモニュメントというわけ

ではなかったのである。

　監獄として使われなくなると、国は観光資源にする計画を立てた。1874年、モン・サン゠ミシェルは歴史的記念物に指定され、大規模な修復が始まった。

　尖塔の先端には1897年、彫刻家エマニュエル・フレミエによる金箔が施された銅像が添えられた。高さ156メートルの地点にそびえ立つ像は燦然と輝き、悪魔の象徴であるドラゴンを剣で倒す聖ミカエルを描いている。この工事が完了すると、修道院生活はふたたび軌道に乗った。

　2014年、モン・サン゠ミシェルは改めて、「島」として位置づけられた。1879年に、満潮時でも冠水しない堤防道路が完成して陸地とつながった半島になっていた。それ以来、論争は収まらなかった。1884年にはヴィクトル・ユーゴーが演説で自分の見解を展開した。「フランスにとってのモン・サン゠ミシェルは、エジプトにとっての大ピラミッド(きぞん)と同じだ。それはいかなる毀損からも守られなければならない。モン・サン゠ミシェルは島のままでなければならない。私たちは、自然と芸術の両方が生んだ作品を、何としてでも守らなければならない」

　　———「〔前略〕神のために建てられた地上で最も見事なゴシック様式の館、〔中略〕レースのように軽い花崗岩の巨大な宝石は、塔や細い鐘楼で覆われている。そこでは、ねじれた階段が上っていく。昼は青空に向け、夜は暗い空に向け、伸びている。その頂は奇妙で、キメラ、悪魔、幻想的な獣、怪奇な花がひしめき合っている〔後略〕」
　　　　　　　　　　　　　ギ・ド・モーパッサン『オルラ』(1887年)

1995年に最終的に決定が下されるまでには、1世紀以上にわたる無数の議論、研究、調査、予算に関する論争があった。湾から砂を除去し、何世紀にもわたって潮の流れとともにたまった堆積物を取り除き、歩道橋を建設するには、20年の工事と2億ユーロ以上を要した（囲み記事を参照）。そこを歩行者として訪れると、水の上を歩いているような神聖な感覚を覚えるのである。

歩道橋

2014年7月22日、9年の調査と3年の建設作業を経て、歩道橋が開通した。オーク材で覆われた歩行者専用道と中央を走る車道がある。事業費として4300万ユーロを要した。

　長さ760メートルの曲線を描く歩道橋は、地上9.5メートルの134本の鋼鉄の柱の上に取り付けられている。これが透明感にあふれ、風景に溶け込む効果を生んでいる。手がけたのは、オーストリアの建築家、ディトマール・ファイヒティンガーである。他の作品にベルシー公園とフランソワ・ミッテラン図書館を徒歩で結ぶシモーヌ・ド・ボーヴォワール歩道橋がある。パリで37番目の一番新しい歩道橋だ。

追加インフォ

パリのサクレ＝クール寺院の生みの親は、司祭ではなく、商人のアレクサンドル・ルジャンティルであった。義弟で画家のユベール・ロオー・ド・フルーリーとパリ大司教の支援を

得て、イエス・キリストの聖心（サクレ・クール）に捧げる教会堂建設を願い、実現させたのである。そこには、神からの罰とみなされた1870年勃発の普仏戦争とパリ・コミューンという歴史を乗り越えたいという思いがあった。モンマルトルの丘が選ばれたのは、高みにあって、パリの初代司教・聖ドニの殉教の舞台となったことでシンボル的な存在になったからで、そこにロマネスク・ビザンチン様式の白いバシリカ聖堂が建設された。サクレ＝クール寺院の建設計画は全額が全国から集まった寄付金で賄われ、1875年に着工されたが、最終的に完成したのは、ステンドグラスが大被害を受けた第二次世界大戦の後だった。

5つの数字で語るモン・サン＝ミシェル修道院

- 岩だらけの小島は海面から92メートルの高さにそびえ立つ。
- 周囲の長さは960メートル。
- 大潮の時、海面は時速6キロで上昇する。
- 大天使ミカエルの像の重さは520キロ。
- 2019年、修道院を150万人近くが訪れた。

オー゠ケーニグスブール城
―― 取り戻した時間

アルザスが誇るこの城は、1世紀前の城塞を再現させたにすぎない。しかし、この城のおかげで、騎士、吟遊詩人、貴婦人がいた時代まで、500年以上もタイムスリップすることができるのである。

オー゠ケーニグスブール城

アルザスは、その歴史の大半でゲルマン王国に属していたことから、フランスの歴史の中で特別な位置を占めている。17世紀からフラン

1147	ホーエンシュタウフェン城に関する最古の記述
1633	包囲による陥落と荒廃
1899	セレスタのコミューンがホーエンツォレルン家のヴィルヘルム2世に寄贈
1908	城再建を祝う盛大なセレモニー

スの支配下となったが、1870年の普仏戦争を経てドイツ帝国に併合された。フランスのモニュメントで最もドイツ的なオー・ケーニグスブール城がたどった歴史の軌跡は、この文脈に位置づけられる。

リッチな城の最初の役割

　12世紀にオー・ケーニグスブール城を建立するにあたり、1138年から1254年まで神聖ローマ帝国の頂点にあったホーエンシュタウフェン朝には、戦略上の狙いがあった。岩の多い山すそに高くそびえる王城で、天気のよい日には、そこからヴォージュ山脈、シュヴァルツヴァルト（ドイツ語で「黒い森」）、アルプス山脈の頂を眺めることができた。このため、監視所としての役割があり、軍事面だけでなく、塩、銀、小麦、ワインの交易ルートを管理する商業面でも、きわめて貴重だった。

　15世紀の終わりになると、現在のスイスのジュラの名門ティーエルシュタイン家がこの城を手に入れた。防衛面の機能強化が図られた結果、この貴重な要衝を手に入れようと狙う動きが相次いだ。まずは17世紀、戦争で包囲された末に廃墟になった状態で、フランス王たちの手に渡ることになる。

失われた時を求めて

　何世紀も経つと、幽霊が出そうな城と化し、周囲で草木が伸び放題となっていた。1871年、アルザスはドイツ領に戻り、1865年以来の所有者だったセレスタのコミューンが1899年、新しい皇帝ホーエンツォレルン家のヴィルヘルム2世にその城を贈った。ヴィルヘルム2世は出費を惜しまず、ティーエルシュタイン家がかつて戦闘態勢を整え、城塞が最も充実した1500年頃の状態に復元することを目指し、大規模な建設事業を迅速に立ち上げた。元家具職人でドイツ城塞保存協会の創設者であるドイツ人建築家ボード・エプハルトを起用した。1900年に工事が始まった。水を引き込むためのポンプ場の建設、蒸気機関車を使って石を現場に運ぶための採石場の開設、電動クレーン、それに繁忙期には200人の作業員を要した。室内装飾は、壁のフレスコ画、彫刻、陶器のストーブなどについて、過去のものを模倣する狙いだった。家具、武器を含む年代物の品々も並べられ、当時の雰囲気を如実に再現する工夫が施された。

幻影は映画にまで

平和主義のメッセージが込められ、ヒューマニズム映画の象徴であるジャン・ルノワールの「大いなる幻影」（1937年）について、ナチスのゲッベルスは「敵視する映画の筆頭」と評した。第一次世界大戦中にドイツ軍の捕虜となったフランス人たち（新星のごとく現れたジャン・ギャバンも含む）は、岩の頂上に築かれた要塞オー＝ケーニグスブール城に監禁され、かなわぬ脱出を試みようとする。いかにもドイツ的で勇ましい理想的な外観で、第7芸術と言われる映画でこの城

がロケ地として使われる契機となった。その後、ジャック・ベッケル監督の「怪盗ルパン」(1957年) のロケ地にもなり、「ロード・オブ・ザ・リング」の城塞都市ミナス・ティリス (「王の帰還」ピーター・ジャクソン監督、2003年) のモデルにもなったとされる。

融和の場所

　1908年5月13日、土砂降りの雨の中、再建された城をお披露目する壮観なセレモニーは予定通り行われた。新たな城主となったヴィルヘルム2世は妻、子どもたちと姿を見せ、過去のシーンを再現する500人の俳優や伝統文化を伝承する団体に迎えられた。ヴェルヘルム2世は中世の伝統に忠実な祝宴を催した。まだ工事が完全に終わっていなかったが、それに先行してセレモニーが行われたのである。しかし、第一次世界大戦によって、この工事に突然、終止符が打たれた。何よりも、アルザスの領有権の行方が新たな展開を見せた。第一次世界大戦の戦勝国だったフランスは、ヴェルサイユ条約 (1919年) の調印でアルザスの領有権と、合わせてオー＝ケーニグスブール城も取り戻した。歴史は繰り返し、1940年にまた、戦争が勃発した。オー・ケーニグスブール城に戦争の被害は及ばなかったが、城が名誉ある地位を取り戻すためには、仏独関係が平穏になる必要があった。1995年の逸話がこのことを物語っている。嵐に見舞われ、城の主塔の先端にあった銅のワシが落ちてしまった一件のことだ。その際、ワシの中からヴィルヘルム2世の直筆の署名入りのドイツ語のメッセージが記された文書が発見されたのである。「主塔の先端にきらめくワシが舞っている。伝統ある帝国、そして偉大なるドイツの大切な象徴である。

〔中略〕下界の騒々しい日々の格闘のはるか上、卑劣な戦いや不和からもはるかに高く、昇る太陽に向かって、帝国のワシがはばたく〔後略〕」。ワシは修理が完了すると、メッセージが記された文書が中に戻され、まさに卑劣な戦いや不和のはるか上、高いところにある元の居場所に舞い戻ったのである。

追加インフォ

19世紀末に「中世」がブームとなり、ピエールフォン城（オワーズ県）もオー゠ケーニグスブール城と同じような運命をたどった。もう1人の皇帝であるナポレオン3世のもとで、もう1人の著名な建築家であるウジェーヌ・ヴィオレ・ル・デュクが手がけた。中世建築を近代風に修復した巨匠は1857年にこの事業に着手し、何世紀にもわたって忘れ去られていた廃墟に、主塔や周囲の塔、狭間、銃眼、石落としなどを復元した。元の城塞は14世紀末のもので、シャルル6世の弟ルイがその所有者となった。もともとその地にあった地元領主の要塞（12世紀）に代わるものとして建てられ、それを国家がのちに手に入れていた。毎年、ピエールフォンには約15万人の観光客が集まる。ジャン゠マリー・ポワレ監督の映画「ビジター」（1998年）のロケ地になったことから、おそらくそれを見るのが目的なのだろう。

┌─ 5つの数字で語るオー＝ケーニグスブール城 ─┐

- 年間50万人以上が訪れる。
- 標高757メートルに位置する。
- 城壁が縦270メートル、横40メートルの敷地を囲む。
- 建物内の面積は1万5000平方メートル。
- 主塔の高さは62メートル。

パリのノートルダム大聖堂
──聖母マリアの受難

「フランスの歴史を象徴する教会」とも言われ、信仰を超えて、フランスのアイデンティティを体現している。それゆえ、ノートルダム大聖堂が火災に見舞われたとき、全世界が大きなショックを受けたのである。

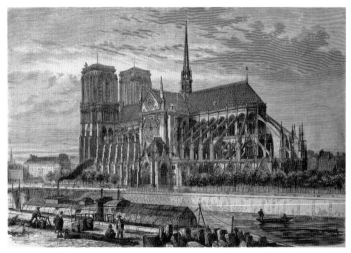

パリのノートルダム大聖堂

　ガロ・ロマン時代、ルテティア（のちのパリ）はシテ島に限定されており、そこにはユピテルを讃えて建てられた神殿があった（1世

1163	•	建設着工
1239	•	聖ルイがキリストの聖冠を奉納
1260	•	聖ルイが南のバラ窓を設置
1455	•	ジャンヌ・ダルクの復権裁判
1804	•	ナポレオン・ボナパルトの戴冠式
1853	•	ナポレオン3世とウジェニー・ド・モンティジョの結婚式
1860	•	ヴィオレ・ル・デュクによる13世紀の尖塔などの修復
1944	•	北塔の上に勝利の三色旗が掲げられる
1991	•	ユネスコの世界遺産に登録
2007	•	エマウス創設者ピエール神父の葬儀
2019	•	ノートルダム大聖堂の火災（4月15日）
2022	•	ジャン＝ジャック・アノーによる火災を描いた映画「ノートルダム 炎の大聖堂」

紀）。4世紀から6世紀にかけて2つの教会が建てられ、1つは聖エティエンヌに、もう1つはノートルダム（聖母マリア）に捧げられたが、後者はすぐに破壊され、再建された。12世紀初頭、両教会は荒れ果てた状態だった。

1160年にパリの司教に任命されたモーリス・ド・シュリーは、両教会の取り壊しを決めた。1163年にローマ教皇アレクサンデル3世がのちのノートルダム大聖堂の建設に着手した。シュリーが亡くなったとき、内陣（主祭壇を安置する空間）は完成していて、身廊もすでにかなり建設が進んでいた。33年間にわたってシュリーは建設現場を注

意深く見守り、素晴らしい建物に仕上がることを願った。最初に建設を手がけた建築家の名前が後世に伝えられていないため、シュリーの名前はなおさら、大聖堂と深く結びついている。続いて主祭壇、翼廊、最初の柱間、ファサード、塔、フライングバットレス〔外壁の補強のための斜め梁〕などが設けられ、約170年の歳月を経て、1330年に竣工した。

実現をめざしたモニュメントは、当時おそらく西洋最大の教会となる驚異的な規模だった。このため、この巨大事業の現場には、フランス全土と近隣諸国から集まった棟梁、石工、大工、石材加工職人、彫刻家、ガラス工など（全部で80近い職種）が動員された。

時間の計算が正しくない

とかくせっかちだと言われるパリジャン。しかし、これは今に始まったことではない。その証拠に「107年待つ」という中世の表現が、今日に至っても使われている。それはまさしく、ノートルダム大聖堂の建設に由来する。ただ、必ずしも正確に107年とは限らない。というのも、1163年着工で、107年後の1270年の段階で、完成には程遠かったからだ。これはむしろ、工事が延々と続くことへのいら立ちや、騒音と石の粉塵の中にいつまでも身を置き続けることにうんざりしている気持ちを表していた。生きているうちに完成した大聖堂を見ることはできないだろうと思うにつけ、工事期間がいっそう長く感じられたのである。

パリの生活風景

　ノートルダム大聖堂は、工事が完全に終わるのを待たずして、フランスの歴史に名を連ねた。そのまま重要な地位を占め続けているのである。

　1302年から、フィリップ4世（端麗王）は、大規模な会議を収容できるこの広大な場所で王国初の三部会を催した。聖職者（第一身分）、貴族（第二身分）、平民（第三身分）の3つの身分の代表者を召集し、ローマ教皇ボニファティウス8世との紛争における自身への支持や、フランドル地方をめぐる戦争の資金援助を求めた。

　1572年8月18日には、奇妙な光景が見られた。プロテスタント教徒のナバラ王アンリ（のちのアンリ4世）とカトリック教徒マルグリット・ド・ヴァロワとが結婚した際のことである。結婚の祝福が行われるのは屋内ではなく、前の広場だったのだ。のちに国王になる人物の結婚式だとしても、プロテスタント教徒がカトリック教会でミサに参加するのは論外だったのである。

　ナポレオン1世は、1804年12月2日に戴冠式を行う場所として、この大聖堂を選んだ。教皇ピウス7世の祝福を受けて祭壇の上に置かれてあった冠を手にし、自分で頭に置いた。続いて、自身の前で跪く妻ジョゼフィーヌの冠を手に取り、その頭の上に置いた。

　1944年8月26日、大聖堂はパリの解放を祝う歓声であふれた。その場に立ち会ったド・ゴール将軍の葬儀は1970年11月12日、大聖堂の身廊で執り行われ、国家元首や国王たちが世界各国から集い、最後の敬意を表した。

大いなる許し

ノートルダム大聖堂前の広場には、八角形の青銅板に刻まれ、石板で囲まれたコンパス・ローズ（羅針図）があり、「フランスの道路の起点」を示している。1769年、ルイ15世がこの場所を選び、首都パリと他の都市の間の距離が計算できるようにしたのである。伝説によれば、この起点を踏むとパリに戻れるという。かつてはそこに「正義の秤」、つまり一種のさらし台があった。有罪判決を受けた者が自分の非を認めて謝罪するために、その前で跪いたのである。自らの罪を公に告白し、「神、社会、人々に許しを請う」ためだった。この加辱刑が執行されるに際、受刑者は頭に何もつけず裸足で、シャツだけを着て、手にろうそくを持っていた。死刑の場合は、首にロープを巻かれた。この中世の慣行は、フランス革命の際に廃止された。

ひよわな巨人

　フランスが誇る建築遺産の至宝がたどった変遷の記憶は、ほとんど薄れてしまっている。まるで時間やさまざまな出来事による影響がなかったかのようである。それでも、ノートルダム大聖堂はフランス革命で、危うく致命的な被害に遭うのを免れたのである。革命期には「理性の神殿」と名が改められ、のちに家具やワインのボトルが積まれた倉庫となった。荒廃した状況を見るのは痛々しいものだった。瓦礫の中を歩くと、ステンドグラスは粉々に砕け、彫像は壁龕〔彫刻などを置くための壁面のくぼみ〕から引きはがされていた。のちに教会とし

ての役割を回復し、ナポレオンが戴冠式を行うことを決めた際、みすぼらしさをその場しのぎの壁布で隠し、大急ぎで壁に石灰を塗る必要があったほどだ。1831年の暴動で状況は悪化し、略奪が続き、荒廃も止まらなかった。ヴィクトル・ユゴーの傑作「ノートルダム・ド・パリ」（1831年）は、この重大な局面で大聖堂を救済するのに大きな役割を果たすことになる。タイトルそのものが物語る通り、ヴィクトル・ユゴーが「私たちの大聖堂の老女王」と呼ぶノートルダムに対する新たな関心を呼び起こしたのである。

> ———〔前略〕人間、芸術家、個人は、作者として無名の多数の民衆の中に埋もれていく。人間の知性はそこに集約され、そこで結実する。時間は建築家、人民は石工だ。
> ヴィクトル・ユゴー『ノートルダム・ド・パリ』（1831年）

1842年に請願運動が始まり、その後、緊急措置を検討する委員会が設立された。ウジェーヌ・ヴィオレ・ル・デュクが20年間（1845－1865年）にわたって、本格的な再生に取り組んだ。多額の資金がつぎ込まれた。「建物の修復とは、維持したり、修理したり、建て直したりすることではない。ある時点では決して存在しえなかった完全な状態に戻すことである」とヴィオレ・ル・デュクは言った。1786年から1792年の間に解体された13世紀の尖塔の復元を手がけた。高さ96メートルの鉛の尖塔は、雄鶏像をいただくイエスの12使徒を表す彫像で飾られていた。また、キメラをあしらった巨大な彫像を思いついた。中世の伝説から着想し、幻想的で恐ろしい怪獣で装飾効果を狙ったものだった。

戦禍の試練

　ノートルダム大聖堂は、2度の世界大戦で数回の爆撃はあったものの、被害は比較的免れた。ただ、時間の経過に伴う損耗、汚染、押しかける観光客による影響からは、逃れられなかった。このため、内装と外観の両面で、改修やメンテナンスを延々と続けることになった。直近のものは数年続く予定だったが、それが原因で大聖堂が全滅しかねない事態となった。8世紀の間、数ある大聖堂の中でも際立つ存在だったノートルダム大聖堂は、ほぼあらゆる災難に遭ってきたが、この手の建物ではよくある火災だけは免がれていた。ただ、例外としては、1871年にパリ・コミューンの活動家たちがベンチや椅子を燃やすという一件はあった。だが、2019年4月15日、ノートルダム大聖堂は火災に見舞われ、危うく全面的に崩れ落ちるところだった。午後7時少し前のことだった。足場が立ち並ぶ大聖堂の屋根裏で火災が発生した。骨組みは灰燼に帰し、屋根が焼け落ちた。怪獣像は雨水の代わりに溶けた鉛を吐き出し、尖塔は崩壊してアーチ型天井の一部を貫通した。内部では、壁、美術品、ステンドグラス、バラ窓に大きな損傷があった。高さ数十メートルの機械アームに載せられた約400人の消防士は、セーヌ川から直接水を汲み上げる18本の消防ホースを装備して、命の危険を冒して翌朝まで絶え間なく格闘した。鎮火すると、ノートルダム大聖堂は「全体として救われ、守られた」と発表があった。

　まさに地球規模で衝撃が駆け巡ったのも、この規模の火災ならではであった。世界中で、火災を嘆く声があふれた。前例がないほどの厚意が寄せられ、約35万人から8億3000万ユーロ以上の寄付があった。大富豪や企業に加え、匿名の一般市民からも寄付が集まった。フランス人だけでなく、外国人による寄付もあった。

大聖堂の修復には、107年もかからないだろう。一般公開の再開は「聖母の無原罪の御宿り」の2024年12月8日の予定だ。希望的観測だろうか？

宝探し

大聖堂には、聖ルイのチュニック、磔刑の前にキリストの頭にかぶせられた聖なる茨の冠、聖十字架の破片、受難の釘などの貴重な聖遺物がある。2019年の火災の際、消防士たちはためらうことなく炎と煙に立ち向かい、遺産保存の専門家の指導のもとで、貴重な品々を見事に救った。このほか、3つの聖遺物、すなわち聖なる茨の冠の一部、聖ドニの聖遺物、聖ジュヌヴィエーヴの聖遺物が、火災で倒壊した尖塔の先端にある雄鶏像の中に安置されていた。雄鶏像は焼けてなくなってしまったのではないかと思われていたが、翌朝、がれきの中から奇跡的にほぼ無傷（落下で少しへこんだだけ）で発見された。尖塔から外れ、火災の火元から遠く離れた安全な場所に落ちていたのだ。

追加インフォ

1944年に旧礼拝堂がナチス・ドイツによって空爆されたあと、ロンシャン（オート・ソーヌ県）とブザンソン司教区との共同プロジェクトとして、ブールレモンの丘の頂上にノートルダム＝デュ＝オー礼拝堂が建設された（1953－1955

年)。この礼拝堂を手がけたのはル・コルビュジエ。スイス生まれでフランスに帰化し、もともとはプロテスタント教徒だが、無神論者になっていた。着想を得たのは、アルジェリアのシディ・ブライムのモスク、カニの甲羅のような屋根、ヴォージュ渓谷などからである。十字架を象徴として設計に取り入れることはせず、非対称に設計し、湾曲した壁を採用した。ステンドグラスの代わりに、さまざまなサイズの複数の穴が施され、色ガラスのブロックが埋め込まれている。一筋の光が壁と屋根の間の隙間を通って差し込み、ほとんど目に見えない金属の柱を照らしている。

5つの数字で語るノートルダム大聖堂

- 面積は4800平方メートル。
- 身廊は縦60メートル、横は12メートル。
- 13世紀の「ラ・フォレ」と呼ばれる屋根の骨組みには1300本の梁が使われた。
- エマニュエルの鐘の重さは13トン、中の舌の部分は500キロ。
- 2019年の火災は、6〜10億ユーロの修復費が見込まれている。

ルーヴル美術館
―― 複数のルーヴル

ルーヴル美術館は、2019年の来場者数が960万人。世界で最も来場者が多い美術館であるが、もともとはフランスの国王たちが居住した宮殿だった。国王たちが欲するがままに規模が拡大していき、波乱に満ちた歴史をたどったのである。

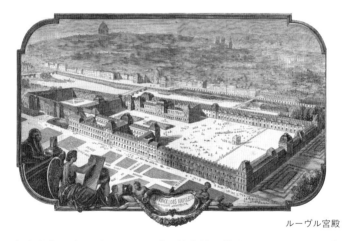

ルーヴル宮殿

考古学者たちの手で、ルーヴル美術館の敷地内において紀元前5000年紀（新石器時代）に遡る人間の居住の遺跡（陶器）が発掘された。おそらく青銅器時代の終わり（紀元前1000年紀ごろ）には農場（穀物栽培、牛の飼育）が存在していたと考えられている。ガロ・

1190	フィリップ2世（尊厳王）による建設がスタート
1364	シャルル5世が要塞を王宮化
1527	フランソワ1世によるルネサンス様式の王宮への変更
1572	サン・バルテルミの虐殺が敷地内に及ぶ
1658	ルイ14世の御前でモリエールが初公演。警備の間にて
1793	中央美術館がオープン
1827	シャルル10世の新美術館をエジプト学者のシャンポリオンが手がける
1857	ナポレオン3世による新しいルーヴル美術館がオープン
1871	パリ・コミューンの際にチュイルリー宮殿で火災
1939	地方にコレクションを避難させてナチスから守る
1965	ジュリエット・グレコ出演のテレビ映画「ベルフェゴールは誰だ」
1989	建築家イオ・ミン・ペイが手がけたピラミッドがオープン

ローマ時代、ルテティアはセーヌ川左岸の島々に多くの人が集まっていた。のちのルーブル美術館の場所は郊外の田園地帯にあり、粘土も採掘されていた。

名前の謎

ルーヴル（Louvre）という名前の由来については、今でも専門家の間で議論がある。現地は12世紀にはルパラ（Lupara）と呼ばれ、フランス語ではロブル（Lovre）またはルーヴルになった。これはラテン語のルペリア（オオカミを狩るための猟犬小屋）や、サクソン語で「要塞」または「頑丈な塔」を意味するロヴェール（Lower）を変形させたものと見るべきだろうか？ また、ルーヴル（Rouvre）とする説もあり、理由は不明だが、「r」の代わりに「l」が使用されるようになった可能性もある。この古フランス語はオークの木を指す言葉である。さらに、ケルト語の説もあり、luparaの接尾辞「-ara」は川を意味する可能性もある。

中世の城

　数世紀後に欧州最大の宮殿となる建物は1190年、第3回十字軍に出発する準備をしていたフィリップ2世（尊厳王）が建設を命じたものだった。城壁を設け、セーヌ川右岸のパリ西側の入り口部分をアングロ・ノルマン人から守るのを狙った。この地には、サン＝トマ＝デュ・ルーヴルという名前の教会（現在はない）が建設されたばかりだった。この城壁を強化するために要塞が建てられ、その中央には幅15メートル、高さはおそらく30メートル以上の主塔が設けられた。

　ルーヴルの起源となるこの要塞は1202年に完成した。そこは国王が住むことは想定されておらず、国王の財貨が保管され、悪名高き囚人が収容されたのである。この味気のない建物を国王の邸宅に変える

という計画は、1364年に王位に就いたシャルル5世の発案だった。パリの新しい要塞が築かれると、ルーヴル要塞はその内側に位置したため、軍事面での役割は失われた。シャルル5世は「石工事の棟梁」であるレーモン・デュ・タンプルに、この「防舎」を窓、庭園、大きな階段、図書館のある宮殿に改造するよう命じた。その建設にはきわめて多くの石が必要だったので、パリのサン＝イノサン墓地の墓にあるものを持ち去ってまかなった。しかし、間もなく百年戦争（1337－1453年）が起きると、シャルル6世、次いでシャルル7世はロワール川の南に逃れて居を構えたのである。

宮殿に変える

　マリニャーノの戦い（1515年）を経て、フランソワ1世はまずルーヴルに戻ったものの、居城にしなかった。自身の好みでは、外観に中世の要素が強すぎるとして、建築家ピエール・レスコにルネサンス様式の宮殿への変更（もともとあった主塔の取り壊しなど）を命じた。

　息子であとを継いだアンリ2世が首尾よく工事を実施した。柱、大きな窓、彫刻が施された浅浮き彫り、そしてカリアティードの間を設け、ルーヴルの装飾を充実させた。

　1564年、アンリ2世の死後、未亡人となったカトリーヌ・ド・メディシスは摂政として、チュイルリー宮殿を建設させた。場所はルーヴル宮殿から数百メートルで、独立した宮殿と庭園があり、王家の住宅部分から漂う良からぬ空気が及ばなかった。アンリ4世は王位に就くと、パリの美しさを充実させるため、大規模な工事を施すのがふさわしいと考えた。権力の拠点たるルーヴル宮殿は、この計画で重要な位置を占めていた。ルーヴル宮殿の面積を4倍にする「グラン・デッサン」（大計画）と銘打ち、何よりもチュイルリー宮殿との接続に主眼

を置いた。セーヌ川沿いに450メートルの回廊を建設し（1595－1608年）、「水辺の回廊」とも言われた。最上階は、のちにルイ13世となる王太子の遊び場となった。雨が降ると、王太子はそこで、犬に引かれた小さな馬車に乗って動き回った。王太子が狩りに興じたい気分になったら、キツネを追いかけさせた。ある日には、王太子が楽しめるように、ラクダも連れてこられた。

成熟の時代

　17世紀には、ルイ13世、次にその息子ルイ14世の時代に、その他の小規模な改修が行われた。クール・カレ（方形中庭）や柱廊が建設され、チュイルリー宮殿も完成した。チュイルリー宮殿は、ナポレオン・ボナパルトが19世紀初頭に居を構え、チュイルリー宮殿がルーヴル宮殿北側（大回廊と平行するリヴォリ通り沿い）と接続するようにし、クール・カレの完成を手がけ、カルーゼル凱旋門を建設させた。このグラン・デッサンは19世紀半ばから、甥のナポレオン3世の手で最終的に完成した。この時期、ルーヴル宮殿にはその歴史の中でも最も重要な拡張工事が施されたのである。ナポレオン3世は、ドゥノン翼（セーヌ川側）を建設し、リシュリュー翼（リヴォリ通り側）を仕上げることで、チュイルリー宮殿との一体化を完成させた。

　新ルーヴル宮殿とナポレオン3世自らが好んで呼び、その中心にはナポレオン広場が設けられた。20世紀の終わりにはその地にガラスのピラミッドが建設された。ルーヴル宮殿を改造する最終的な看板事業であり、このときはフランソワ・ミッテラン大統領が主導し、「グラン・ルーヴル」と銘打たれた。

世紀のピラミッド

フランス革命200周年を記念して、1989年3月30日にフランソワ・ミッテラン大統領によって除幕されたルーヴル美術館のピラミッドは、中国系アメリカ人の建築家、イオ・ミン・ペイが手がけた。グラン・ルーヴルと銘打たれた工事の一環として、自然光が通る穴を設ける掘削工事がナポレオン広場に施され、そこが美術館への入場口となった。ピラミッドは高さ約22メートル、底辺は35メートルで、その比率はエジプトのギザの大ピラミッドに近いものだった。ピラミッドには70個の三角形と603個のひし形がある。陰謀論者たちは数えたら666個あり、悪魔の仕業だと主張した。この場所は、20世紀後半に巨大な屋外駐車場が設けられていたが、ピラミッドの建設構想はすでに2度浮上していた。1809年には、ナポレオンのエジプト遠征の栄光を記念するため、1889年には革命100周年を祝うためだった。

ルーヴル美術館

ルーヴル宮殿は、フランス革命のもと、美術館に変貌した。太陽王ルイ14世がヴェルサイユ宮殿を自身の王宮とした（1682年）ことから、それ以来、ルーヴル宮殿はブルボン家からは遠ざけられる存在となっていた。このため、芸術家やさまざまな芸術団体（絵画、彫刻など）が入居していた。

18世紀、啓蒙思想家たちの間で、フランソワ1世以来の国王が収集した傑作を一般の人々が鑑賞できるようにする構想が検討された。

ルイ16世は、大回廊に美術館を設け、新しい作品を入手するよう建築総監に命じた。それを実現させたのは革命家たちだった。1791年、憲法制定国民議会はルーヴル美術館に科学と芸術のモニュメントを集める旨、布告した。中央美術館と名付けられ、1793年8月10日にオープンした。19世紀は政情が不安定だったが、中央美術館は順調に規模が拡大して賑わった。考古学が新たな学問として登場したことから、購入や寄付を通じて充実が図られた。

20世紀末、ルーヴル美術館は老朽化が進み、管理態勢の課題が明らかになった（来場者の受け入れ、コレクションの展示方法、鑑賞ルートなどの改善・充実）。こうした点を踏まえ、フランソワ・ミッテラン大統領によるグラン・ルーブルが打ち出された。とくに財務省が占拠していたリヴォリ通りのリシュリュー翼の改修が行われ、その結果、ルーヴル美術館はほぼ一貫して、来場者数のランキングで世界トップクラスの美術館となっている。

必死にモナ・リザを捜索

16世紀初頭にレオナルド・ダ・ヴィンチが描いた「モナ・リザ」は、フランソワ1世のコレクションに加わり、美術館が開館して以来展示されていた。この作品が一躍注目を浴びる契機は、1911年の盗難事件だった。ルーヴル美術館で仕事をしたことがあったイタリア人ヴィンチェンツォ・ペルッジャは、8月21日の朝、出来心でモナ・リザを盗んで作業着の下に隠し、こっそり外に出た。事件が明るみになったのは、一般公開が再開された翌日になってからだった。国を揺るがす大事件で、懸命な捜査が行われたものの、難航した。ピカ

ソやアポリネールら無実の人たちに疑いがかけられた。ルーヴル美術館は、モナ・リザのいない壁を見ようとやってくる好奇心旺盛な人たちで賑わった。窃盗犯は1913年12月に、モナ・リザをフィレンツェの骨董品商に売ろうとした際、御用となった。

———〔前略〕ルーヴルは美術館として機能していなかった。宮殿として構想されたのに、無理やり美術館に転換された。この2つの用途はあらゆる面で矛盾している。宮殿としての重要な機能は国力の誇示だった。権力を見せつけることだった。〔中略〕何も隠す必要はないのである。逆に美術館としては、〔中略〕目にするものは氷山の一角にすぎない。作品を展示する1平方メートルのスペースのため、ほぼ同じだけのスペースの目に見えないインフラが必要になる。

イオ・ミン・ペイ、テレラマ特集版『グラン・ルーヴル（ルーヴル美術館の大改造）』でのインタビュー（1993年）

追加インフォ

ルーヴル美術館ランス別館（パ゠ド゠カレー県）は2012年12月4日にオープンした。日本人建築家が手がけた5つのガラス壁の建物からなり、景観公園内の炭坑跡地に設けられた。「第二の」ルーヴル美術館は、文化に縁遠い顧客を新規に取り込むのに、一種のアンテナとしての役割を果たした（2019年の来場者数は53万3000人）。「時間のギャラリー」（ギャ

ラリー・デュ・タン）では、パリの本館から貸し出された作品が定期的に更新され、年代順に展示されている。期間限定の展示も開催されている。

　ルーヴル美術館は国境を越えてサディヤット島（アラブ首長国連邦）にも展開されている。ジャン・ヌーヴェルが設計したこのルーヴル・アブダビ美術館は、2017年11月8日にオープンし、主にフランスの美術館から貸し出された作品を展示している。

5つの数字で語るルーヴル美術館

- 総建築面積は21ヘクタール。
- ルーヴル美術館が管理を委託された68万5291点のうち3万5000点の作品が展示されている。
- 2100人を超える常駐スタッフが働いている。
- 階段は合計1万段である。
- 2410個の窓から光が差し込む。

ランスのノートルダム大聖堂
―― 戴冠式のメーン会場

ランスがその名をとどろかせるのは、シャンパンだけが理由ではない。フランス君主制の歴史の中で最も象徴的な大聖堂がこの地にあることも大きい。国王の戴冠式を執り行った大聖堂である。こうした栄えある歴史を経たのちに、1914年に大きな災難に見舞われるが、そのあとに奇跡の復活を遂げた。

ランスのノートルダム大聖堂

498頃	レミギウス司教によるクローヴィスの洗礼
816	ルイ1世（敬虔王）、ランスで戴冠した初の国王となる
1027	国王の戴冠式を行う伝統が確立（聖アンプルのおかげ）
1210	火災により初期ロマネスク様式の大聖堂が焼失する
1211	現在のゴシック様式の大聖堂の建設が始まる
1226	ルイ9世、新大聖堂で戴冠式を執り行う初の国王に
1481	再度火災に見舞われる
1926	1914年のドイツ軍爆撃の犠牲となった「微笑みの天使」の修復
1962	ド・ゴール仏大統領とアデナウアー西独首相がミサに参列し、独仏和解の象徴に
1974	軸礼拝堂にマルク・シャガール作のステンドグラス
1991	ユネスコの世界遺産に登録
2022	経済再生計画で予定されている修復工事

「クロティルドの神よ、私に勝利を与えてくれるなら、私はキリスト教徒になる」。フランク王国の初代国王だったクローヴィス1世が496年にトルビアックでそう言ったのは、フランク族がアレマン族（ゲルマン部族）を相手に戦った「トルビアックの戦い」の戦況が思わしくなく、途方に暮れていた時のことだった。戦いに勝利したことで、約束は守られた。自身の願いがかない、クローヴィスはランスで約3000人の戦士とともに洗礼を受けた。レミギウス司教（聖レミ）は498年頃、敬虔なカトリック教徒の王妃クロティルドの立会いのも

と、直接クローヴィスに洗礼の塗油を施した。王妃は説得を重ね、司教の助けも得て、クローヴィスを改宗に導いていた。聖母マリアに捧げられた5世紀の教会で起きたこの出来事を契機に、ランスはフランスの歴代の王が戴冠式を執り行う場所としてほぼ定着したのである。

> **聖なるアンプル**
>
> ヒンクマール大司教によるものとされる860年代の伝説は、クローヴィスの洗礼にまつわるものである。洗礼の塗油を施そうかというとき、国王の兵士たちが群れをなして妨げとなり、儀式の責任者が身動きできなくなった。レミギウス司教は聖油の到着を待てども埒が明かない状況だった。そのとき、ハトが空からやって来て、貴重で香しい液体が入った小瓶を司教の手に渡したと言われる。何世紀にもわたってこの伝説は語り継がれ、国王たちの戴冠式の歴史と結びついた。大司教たちはこの儀式の際、この聖なるアンプルに入った聖油を使い続けたと言われている。クローヴィスの洗礼に使用された聖油は時間の経過とともに乾燥したため、別途用意した聖香油を混ぜて薄め、金の針を使用して数滴取った。このようにして、クローヴィスの洗礼とフランス国王の戴冠式の間には、切り離すことのできないつながりが生まれたのである。

火災がもたらしたもの

ルイ1世（敬虔王）が816年、最初に戴冠式を行った。ローマからわざわざ来ていた教皇ステファヌス4世は、持参した王冠を王の頭に

載せた。

　820年ごろに新しい大聖堂が建設され、862年にカール大帝の孫であるシャルル2世（禿頭王）の立会いの下、ヒンクマール大司教によって献堂された。そこで最初に戴冠したのは893年のシャルル3世（単純王）だった。

　10世紀から12世紀にかけてロマネスク様式に大幅に改築されたあと、1210年5月6日の大火で灰燼に帰した。

　ちょうど1年後、フィリップ2世（尊厳王）の治世下で、オーブリ・ド・ハンベール大司教が現在の大聖堂の建設に着手した。工事の大部分は13世紀末に完成したが、ゴシック様式の大聖堂が塔、ステンドグラス、見事な彫像のコレクションを伴って完成するまでには2世紀かかった。百年戦争（1337－1453年）、ペストの流行、財政問題が重なって遅れの一因となった。実際、1226年のルイ9世（のちの聖ルイ）の戴冠式は、建設の初期段階の建物で執り行われた。

　大聖堂は当初の構想の通りには完成しなかった。15世紀半ばに完成した塔は高さ80メートルに達した。しかし、尖塔がなかったため、予定の120メートルには届かなかった。1481年7月24日に屋根裏で発生した火災で深刻な被害に見舞われ、計画が狂った。修復に多額の資金が費やされたこともあり、前述の尖塔の建設ができなくなった。

ジャンヌ・ダルクが導いたシャルル7世の戴冠

狂気王と言われた通り、シャルル6世は後継者として、息子のシャルル7世ではなく、イングランド国王を指名した。シャルル7世は父の遺言に反してフランス王の継承を宣言したが、資金も領土も強力な支援もなく、「〔自身が拠点とした〕ブ

ールジュの小さな王」と揶揄された。シノンに潜んでいたシャルル7世のもとに1429年、ロレーヌの農民出身の17歳のジャンヌ・ダルクがやって来た。神の声を聞き、イングランド軍に勇敢に立ち向かい、シャルル7世をランスに向かわせて正式な戴冠式に臨ませるよう促されたというのだった。ジャンヌ・ダルクは部隊の先頭に立ち、敵が占拠する町に向けて進軍した。シャルル7世はランスに到着し、一夜のうちに、大聖堂で戴冠式が執り行われる準備が整えられた。1429年7月17日、シャルル7世は旅でくたびれたシャツと履いていた靴のままで宣誓を行った。カール大帝の王冠やその他の王室の記章を使うことはできなかった。ただ、聖なるアンプルはランスのサン＝レミ修道院で手に入り、大司教ルニョー・ド・シャルトルはシャルル7世に塗油を施すことができた。

戦争状態

第一次世界大戦中、ドイツ軍は進軍してランスを通過し、大聖堂は大きな被害を受けることとなった。爆撃は当初から何度も繰り返されたが、最悪の事態は1914年9月19日に発生した。激しい火災が発生し、大聖堂は炎上した。火は中央正門の上のファサードにある大きなバラ窓を通って身廊に広がった。バラ窓は熱で爆発し、彫像、ステンドグラス、骨組み、屋根が崩壊した。左側の正門を飾る「微笑みの天使」と呼ばれる彫刻は変わり果て、頭部が落ちてしまった。屋根が溶けてしまうほど熱を帯び、溶けた鉛が大量に流れ出した。鎮火には数日かかりそうだった。この惨事を目の当たりにして、取り返しのつかない事態を回避するのに早急に手を打つ必要があった。すぐに、美術品を

管轄する当局は、残った彫像を当座の対策で保護し、ステンドグラスを取り外して安全な場所で保管し、地面に落ちた彫像の破片を集めた。歴史的記念物担当の主任建築家であるアンリ・ドゥヌーは、戦後の修復プロジェクトを担当することになった。1915年から、ただちに保存策として、割れ目をふさぐことで状態の悪化を防いだ。

ランスのノートルダム大聖堂は、ドイツ軍の砲兵隊が意図的に狙いを定めた。敵国ドイツの立場として、大聖堂がフランスのシンボル的存在なら、高い代償を払わせようと目論んだのだろうか？　休戦協定のあと、この大聖堂を元のように再建すべきか、戦争の恐ろしさと人間の残虐な行為を後世に伝えるため、そのまま残すべきかという選択を迫られ、問題提起が相次いだ。結論は1919年に出て、20年近くにわたる大規模な修復プロジェクトが始まったのである。財政負担はフランス政府が担ったが、ロックフェラー財団、フォード財団、カーネギー財団など、米国の多くの団体が財政支援に乗り出したのをはじめ、民間から寄付が集まった。

アンリ・ドゥヌーは、火災の再発を防ぐ革新的な技術を導入し、建築面で大いに成果をあげた。骨組みを木製から鉄筋コンクリートに置き換えるもので、不燃性、軽量化、低コストという利点をすべて実現させた。

微笑みの天使については、破片が注意深く回収されていたおかげで1926年に頭部がもとに戻り、笑顔も戻った。他の彫像も修復され、徐々に元の場所に戻っていった。ステンドグラスも同様で、これはランスでガラス工芸の長い伝統を受け継ぐ一族出身のジャック・シモンの芸術的なノウハウがなせる業だった。1927年、工事が完了する前の段階で、大聖堂は部分的に、以前のように礼拝に使用されるようになった。1937年10月18日、アルベール・ルブラン大統領の立ち会い

のもと、「再献堂」の儀式が執り行われた。いったんは廃墟の山と化し、「殉教の大聖堂」とも言われたが、これでようやく壮麗さとその栄光を取り戻したのである。

聖なる大聖堂

ルイ1世（敬虔王）の戴冠式が行われた816年から、シャルル10世の戴冠式が行われた1825年までの間に、ランスでは31人のフランス国王が即位した（旧大聖堂で6人、現在の大聖堂で25人）。1027年以降は、聖なるアンプルを所持することを拠り所に、大司教たちは大聖堂をフランス国王の戴冠式の場所として定着させた。ルイ6世（肥満王）（1108年、オルレアンで戴冠式）とアンリ4世（1594年、シャルトルで戴冠式）、それに戴冠式そのものを行わなかったルイ18世とルイ=フィリップ1世を除き、その他の歴代国王はすべて、ランスで戴冠式を執り行った。

国王は戴冠し、聖別され（聖油を塗布される）、即位に至った。大司教は国王を祭壇の右側の壇上に設けられた玉座に導き、列席者の方を向いて「永遠に王万歳」とラテン語で叫ぶ。拍手とトランペットの音が渦巻く中、大司教の言葉を列席者が繰り返す。「永遠に王万歳！」

———大聖堂は立っているが、喘いでいる。

開いてはいる。

もはや扉はない。

ゆっくりと歩みながら入っていく。
すでに大きな身廊の真ん中にいるのだが、
頭に帽子をかぶっていることに気づく。
教会ならどこでも入り口で自然と帽子を脱ぐものだが、ここではそうならなかった。
ここはもはや教会とは言えない場所だったのだ。

アルベール・ロンドル「ル・マタン」に掲載された記事（1914年9月）

追加インフォ

オルレアンのサン＝クロワ大聖堂の名前は、イエスの磔刑の十字架の聖遺物に由来している。フランスの3人の国王がここで聖別された。シャルル2世（禿頭王）（848年）、ロベール2世（敬虔王）（987年）、ルイ6世（肥満王）（1108年）である。

　由緒ある遺産と位置付けられ、王室の大聖堂と見なされた。1287年から5世紀以上にわたって延々と建設が続けられ、（アンリ4世とルイ14世をはじめとする）王室の支援があったからこそ実現したものだ。ジャンヌ・ダルクもその歴史に名が刻まれている。1429年5月8日、イングランド軍の包囲からオルレアンを解放したあと、この大聖堂で祈りを捧げた。それ以来、毎年5月8日にジャンヌ・ダルクの栄誉を讃えて厳粛なミサが現地で執り行われている。6トンの大鐘は、その名に「ジャンヌ・ダルク」を冠している。

5つの数字で語るランスのノートルダム大聖堂

- 大聖堂の総面積は約6650平方メートル。
- 長さ139メートル、翼廊部分の幅は49.5メートル、高さは38メートル。
- 王の回廊は、その肖像をかたどった56体の彫像からなる。
- 第一次世界大戦中、約300発のドイツ軍の砲弾を受けた。
- 2019年の来場者は160万人。

カルカソンヌの城塞
—— 悠久の砦

カルカソンヌの城塞と言えば、都市を囲む二重の壁のことを指す。壁は今日もなお、その1000年の歴史を物語っている。

カルカソンヌの城塞

紀元前	2-1世紀	ローマ人による最初の要塞
	4世紀	ガロ・ローマ時代、城塞に囲まれる
	13世紀	中世の城壁の建設
	1853	ヴィオレ・ル・デュクによる修復工事が開始（50年間）

　この城壁の起源となる要塞は、古代に遡る。紀元前の2世紀から1世紀にかけてローマ人が建てた要塞は、4世紀にガロ・ローマ様式の城壁に取って代わられた。しかし、都市を侵略から守るには不十分だった。続いて、城壁は460年から725年にかけて西ゴート族の手に渡り、その後、サラセン人の支配下に入ったが、759年にフランク王ピピン3世（短躯王）がサラセン人を追放した。カール大帝の死（814年）は、フランク王国が終焉に向かい、封建時代が始まる契機となった。中世において、この地域の子爵領の大部分を掌握する強力な家系であるトレンカヴェル子爵家が、名高い建築物をカルカソンヌに設け、その威光と大きな発展を確実なものとした。中でも、1096年に教皇ウルバヌス2世によって聖別されたサン＝ナゼール＝サン＝セルス大聖堂と、1130年に建立された城はその最たるものである。現地で広がったカタリ派（アルビジョワ派）はカトリック教会に対抗する異端とされ、アルビジョワ十字軍（1209-1244年）が派遣されると、この一族による支配に終止符が打たれた。1209年、カルカソンヌのシテ（都市）は包囲、占領された。多数のカタリ派を匿ったために同派と手を結んでいると糾弾されたためである。領主のレイモン＝ロジェ・トレンカヴェルは降伏して捕虜となり、そのまま死亡した。カル

カソンヌは十字軍の軍事指導者であるシモン4世・ド・モンフォールに託され、シモン4世は子爵となった。

城壁を修復

1226年にフランス王領に併合されると、カルカソンヌは大きく様変わりし、現在の姿になった。聖ルイ、フィリップ3世（大胆王）、フィリップ4世（端麗王）の治世下で外側に新たに城壁が建てられ、ガロ・ロマン時代の城壁から規模の倍増が図られたのである。ガロ・ロマン時代の城壁も改修のうえ、手直しや補強も施された。2つの壁の間には、「リス」と呼ばれる平らなスペースがあった。

1659年にマザラン枢機卿がピレネー条約に署名したことで、フランスとスペインとの間の三十年戦争に終止符が打たれた。条約で両国間の国境が南側に移動することが確定した。その結果、平和が回復し、カルカソンヌは軍事機能を失った。監視塔としての役割は不要になったのだ。廃墟となったシテは、荒廃が進んだ。城壁の石は略奪された。救いの手を差し伸べたのは、街に深く愛着を持ち、その破壊を恐れて心が動いたある地元名士だった。歴史家、考古学者、法学者、カルカソンヌ議会議員のジャン＝ピエール・クロ＝メイルヴィエイユで、歴史的記念物監督官だった作家プロスペル・メリメに訴えたのである。ヴィオレ・ル・デュクはここでも、巨大プロジェクトに取り組むことになった。1853年に始まった工事は欧州最大級で、半世紀かけて街と城塞を中世の輝いていた状態に復元するというものだった。

その際立った価値が認められ、1997年にユネスコの世界遺産に登録された。

　　　───私はカルカソンヌに全身全霊で喜びを感じる。

そして、そこにいると、心が生まれ変わるのを感じるのだ。

シャルル・トレネ『カルカソンヌのシテ』(1951年)

論戦に加わる

2つの壁の間は「リス」(lice) と呼ばれ、いくつかの機能があった。防御の観点からは、最初の城壁を乗り越えた敵兵を無防備な状態に陥れることで、敵を弱体化させる狙いがあった。平時には、トーナメントや馬上槍試合の開催に使用された。ここから「リスに入る」という比喩的な表現が生まれた。つまり、競争に参加する、戦闘に加わる、論戦に加わる、といった意味になる。

その後、18世紀には、最貧層の人々の住居が、城壁にもたれかかる形でこのスペースに建てられた。次世紀半ばのヴィオレ・ル・デュクによる修復の際、取り壊された。

追加インフォ

ヌフ＝ブリザックの要塞（オー・ラン県）は、この分野で巨匠とされるヴォーバンの究極の傑作である。ルイ14世の命で建設したもので、ライン川沿いのフランスの防衛強化が目的だった。レイスウェイク条約（1697年）の適用で、川の対岸にあるブライザッハ（ヴュー・ブリザック）を失ったのを受けたものだった。ヴォージュ山脈のピンク色の砂岩が、特別に掘られた運河を通って運ばれた。要塞は八角形の星の

形をしている。軍用と一般用の建物が、町の中心にある正方形のアルム広場を囲むようにチェス盤の市松模様に配置され、それぞれ調和された形でスペースが割り当てられている。二重の城壁がある要塞は1702年に完成した。

| 5つの数字で語るカルカソンヌの城塞 |

・内側の城壁は全長1200メートル以上。
・外側の城壁は全長1672メートルに及ぶ。
・城壁には52の塔がある。
・4か所の門からシテに入ることができる。
・平均して年間200万人が訪れる。

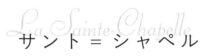
サント＝シャペル
—— 至聖所

聖ルイがこの礼拝堂を構想したのは、手に入れた貴重な聖遺物を収めるのにふさわしい美しい保管庫にするためだった。この光の教会堂は、わずか7年で完成した。

サント＝シャペル

1241	● 建設開始
1248	● 聖ルイの臨席のもとで献堂
1840–1863	● ラシェス、デュバン、ル・デュクが完全に修復
1855	● 尖塔の頂付近に大天使聖ミカエル像を建立

　ラテン帝国の皇帝であるボードゥアン2世は借金に喘いでいたが、神聖な宝を所有していて、その聖遺物の中にキリストの茨の冠もあった。ルイ9世（のちの聖ルイ）は1239年、この茨の冠を購入するのに、当時の貨幣単位で13万5000リーヴル・トゥルノワ、つまり領地から得られる自身の年間収入の約半分に相当する驚異的な金額を支払った。キリスト教世界の指導者になるには出費が伴う。ルイ9世はその負担を惜しまなかったのだ。茨の冠に満足せず、ヴェネツィアの商人たちと交渉することになる聖遺物は全部で22点にのぼった。すなわち、聖十字架の破片、受難の釘、十字架でキリストの渇きを癒すために使われた酢を含ませた海綿の一部、キリストを突き刺した聖槍の穂、聖骸布の一部、聖血などである。聖遺物はまず、パリのシテ島にある王宮のサン＝ニコラ王室礼拝堂の安全な場所に置かれた。しかし、ルイ9世の目には、11世紀のロマネスク様式のこの古い礼拝堂よりも、もっとふさわしい保管場所があるはずだと映った。そのため、急いで取り壊すことになったのである。

上下階で波乱

　その跡地に、ルイ9世は立派な建築物を建てる決定をした（工事期間1241－1248年）。聖遺物を保管する建物はレイヨナン式ゴシック

様式で、2階建てだった。1階部分の礼拝堂は、宮殿内の住民と国王に仕える者たちの礼拝のためのものだった。2階部分の礼拝堂は、教会参事会員と王族専用で、宮殿の住居部分に直接行くことができた。ここには金の大きな聖遺物匣(こう)に保存された聖遺物が収められ、聖金曜日に国王が直接信者に公開したのである。

サント＝シャペルは水害と火災に見舞われた。屋根裏の火災で鐘楼が焼失し、鉛が流出したのは1630年のことだった。1690年には、セーヌ川が増水して1階部分が浸水し、付近の墓がひっくり返った。ステンドグラスは粉々になり、ファサードの装飾が被害を受けた。

最悪だったのは、フランス革命のときだ。最初は小麦粉倉庫として、その後は公文書館として使用されたことで、取り壊されずに保存された。しかし、聖遺物のほとんどは略奪を免れなかった。金の聖遺物箱は溶かされて金属が回収され、中に入っていた品々の大部分は永久に失われた。奇跡的に残った聖なる冠は、1791年から1793年の間に、サン・ドニ修道院に運ばれた。その後、オテル・デ・モネに保管され、さらに、1806年にはパリの大司教に返還され、ノートルダム大聖堂に移された。ノートルダム大聖堂には、聖十字架の破片と受難の釘も残されている。

19世紀には完全に修復された。元の様式が重視され、かつての輝きを取り戻したのである。2008年からから2015年にかけては、ステンドグラスを中心に、新たな修復が施された。ステンドグラスは外部の大気の汚れと内側の結露で汚れて黒くなっていたが、多くの観光客（2019年は130万人以上）が訪れた影響もあった。革命以来、カトリックの礼拝には使われていないが、聖霊は今もそこに宿っている。

ガラスの聖書

聖遺物を失ったサント＝シャペルだが、その魅力は壮大なステンドグラスにある。壁の代わりに高さ15メートルの15枚のステンドグラスが設けられ、光のカーテンとなっている。最初から14枚目までは、旧約聖書と新約聖書の1113の聖書の場面を再現していて、アダムとイブ、ノア、モーゼ、サムソン、ダビデ、ヨブなど、さらにキリストの幼少期と受難も描かれている。物語は左から右に、下から上に読めるようになっている。最後の15枚目では、聖遺物が発見されてからパリに行き着くまでの道のりをたどっている。聖ルイ自身もそこに何度か登場する。15世紀に作られたバラ窓のステンドグラスは黙示録を描いたものだ。

追加インフォ

ヴァランジュヴィル＝シュル＝メール（セーヌ＝マリティーム県）のサン＝ヴァレリー教会は、高さ80メートルの絶壁の端に立ち、アラバスター海岸を見下ろしているが、ここにはキュビスム画家のジョルジュ・ブラックが制作した豪華なステンドグラスがある。1962年以来、青のグラデーションのエッサイの木が教会に光を注ぎ、その青の色合いが周囲の海と連続しているイメージを醸し出している。中央には、JESUS（イエス）とJESSÉ（エッサイ）の名前が透けて見える。イギリス海峡による侵食が容赦なく進んで教会は危機に瀕し

ており、全体をレールに乗せて運び出すか、解体して移動させるか、検討すべき段階になっている。白亜の絶壁が侵食されて崩壊するようなことがあれば、ブラックが眠る周囲の海辺の墓地も飲み込まれる恐れがある。

5つの数字で語るサント＝シャペル

・礼拝堂は長さ36メートル、幅17メートル、高さ42メートル。
・礼拝堂の1階部分は高さ6.6メートル、2階は高さ20.5メートル。
・ステンドグラスの総表面積は618平方メートル。
・尖塔の高さは75メートル。
・バラ窓の花びらは87枚ある。

アヴィニョン教皇宮殿
―― ローヌのサン・ピエトロ

フランスはカトリックの長女であるとよく言われる。ヴァチカン市国を除けば、自国の領土内に教皇庁が置かれ、そこからカトリック教会を取り仕切った歴史がある国は、フランスだけである。

アヴィニョン教皇宮殿

1316	●	ヨハネス22世による工事開始
1335–1342	●	ベネディクトゥス12世のもとで司教館から教皇宮殿へ移行
1342–1352	●	クレメンス6世の下で新たに増築して装飾も施す
1403	●	対立教皇ベネディクトゥス13世が脱出し、アヴィニョンは教皇不在に
1791	●	アヴィニョンがフランスに併合される
1907	●	アヴィニョン市所有の宮殿を一般公開
1947	●	第1回アヴィニョン演劇祭
1995	●	アヴィニョン歴史地区がユネスコの世界遺産に登録

　たとえ戦費確保で苦労しても、フィリップ4世（端麗王）にとって、イングランドとの戦争を断念することなどありえなかった。このため幅広く戦費をまかなうのに熱心で、臣下の財産没収もためらわないことが多かった。カトリック教会の財産に手を伸ばそうと聖職者に税金を課すと、ローマ教皇庁では憤りの声があがった。その結果、国王と教皇との間の権力闘争に発展し、教皇側は、カトリック教会が国境を越えた存在として、各国の王たちよりも優位に立つはずだと主張した。フィリップ4世としては、たとえ自身の国がキリスト教国家であっても、自分の権力をわずかでも譲り渡すつもりはなく、聖職者、貴族、平民の代表を集めて国を挙げての議論を行う場として、初めて「三部会」を開催し、課税問題を決着させようと考えた（1302年）。フィリップ4世は支持を勝ち取り、これに対して教皇ボニファティウス8世は破門で脅すという対応に出た。フィリップ4世は教皇のもとに、自

身の有能な法務顧問ギヨーム・ド・ノガレを派遣し、教皇の違法性や異端の問題を審議する公会議に出頭するよう求める召喚状を持たせた。ノガレは武装部隊を率いて、教皇の夏の別邸であるアナーニに出向いた。1303年9月7日から8日にかけての夜、教皇は殴られ、侮辱され、殺すと脅され、退位を命じられた。教皇は抵抗し、幸いなことに地元の農民たちが助けに来てくれた。教皇は無事ローマに戻ったものの、1カ月後に亡くなった。「アナーニ事件」による精神的なダメージが原因と言われた。

フィリップ4世は、新教皇が自分の言いなりになるよう画策した。1305年に教皇に選出されたクレメンス5世は、フィリップ4世の意に沿ってテンプル騎士団の迫害、その団員の逮捕（1307年）、財産没収を承認した。さらに、クレメンス5世は1309年に、1229年から教皇庁の支配下にあったアヴィニョンのドミニコ会修道院に身を落ち着ける選択をした。それはフリップ4世への接近の証であり、またイタリアにおける神聖ローマ皇帝派と教皇派との間の派閥闘争を避けるためでもあった。

アヴィニョンは新しいローマ

アヴィニョンは、ロース川を見下ろす司教館に住んでいた元アヴィニョン司教で、次の教皇のヨハネス22世に重んじられた。そのもとで、教皇庁の全スタッフを受け入れるのに、司教館が若干改修された。あとを継いだベネディクトゥス12世が1334年、まず最初の大規模工事を手がけた。それは今でいう「旧宮殿」で、教皇の私邸とカトリックの宝物を収容する教皇塔があった。1342年に即位したクレメンス6世の命で隣に建てられた「新宮殿」と対照的だ。クレメンス6世は芸術愛好家で、独自の工夫を凝らすことで、ゴシック様式の宮殿のスタイ

ル（リブヴォールト、フレスコ画、ステンドグラス、彫刻など）を完成させた。それは輝かしいその治世を映し出したもので、新しい栄誉の中庭では盛大な祭典や洗練されたショーが催された。宮殿の完成に向けては、インノケンティウス6世（1352－1362年）とウルバヌス5世（1362－1370年）が手を尽くした。前者は防壁の整備に力を入れ、後者は緑豊かな庭園の充実を図った。次に登場したのがグレゴリウス11世で、教皇庁をローマに戻すことになる（1377年）。全方位外交に取り組んだが、成果は芳しくなかった。教皇庁はイタリアにおける領分を失っていたが、それを取り戻そうとイタリアに戻ったものの、問題解決の時間がないまま、翌年息を引き取った。

もう1つの教皇庁

グレゴリウス11世の死は、カトリック教会内に「教会大分裂」という大動乱時代を招いた。後継をめぐって党派闘争が起きたのである。ローマでは、フランス人の教皇を望む信者はいなかった。イタリア人の教皇を求め、コンクラーヴェ（新教皇選挙）でナポリ出身のウルバヌス6世（1378－1389年）の選出にこぎつけた。しかし、コンクラーヴェの枢機卿16人のうち11人はフランス人だったため、この圧力下でウルバヌス6世の選出は無効にされ、フランス勢は別の教皇クレメンス7世（1378－1394年）を選出した。教皇庁トップの座を2人の教皇が主張するという前代未聞の事態だった。「対立教皇」となった教皇クレメンス7世は、1379年にアヴィニョンの教皇庁に戻ることにし、宮殿も使用が再開された。

フランスとイタリアの一方の国で教皇が亡くなると、そこで新しい教皇が選出され、他方の国で執務する教皇のことなどおかまいなしだった。アヴィニョンでは、1394年にベネディクトゥス13世がクレメ

ンス7世のあとを継いだ。しかし、分裂状態を終わらせるべきだという機運の中、ベネディクトゥス13世はローマ教皇を1人に戻す合意が得られた場合には、自ら退位するという考えを受け入れた。ところが、退位を迫られ、フランスの軍勢に教皇宮殿を包囲され、5年間たてこもった末、修道士に変装してそこを脱出することとなった（1403年）。ベネディクトゥス13世はローマ側の教皇だったグレゴリウス12世（1406－1415年）と話し合ったが、うまく行かなかった。1409年にピサ公会議がアレクサンデル5世（1409－1410年）を選出した際、グレゴリウス12世とともに廃位とされたが、退位を拒んだ。

教会大分裂という波乱は、マルティヌス5世（1417－1431年）が選出された1417年まで続いた。

1403年にベネディクトゥス13世が脱出してから、教皇不在のアヴィニョンの宮殿はアヴィニョンの統治をローマから任された教皇特使、その後は副特使の住居となった。そうした使途も革命下の1791年、アヴィニョンがフランス領になると、終止符が打たれた。

宗教上の役目が終わり、軍用に転じられた。宮殿は兵舎、さらにはなんと監獄として使われるようになった。1840年に歴史的記念物として登録され、第一人者だったヴィオレ・ル・デュクが修復を手がけ、軍用は1906年にようやく終了した。工事は1世紀以上かかる長丁場だったが、訪れる人がとても幸せそうに帰っていくことで、それも報われるのである。

グラシエールの虐殺

フランス革命期、アヴィニョンとその教皇宮殿は、小規模な内戦の舞台となった。1790年、南仏のコンタ・ヴェネッサンの

アヴィニョン教皇宮殿

町はまだ教皇の支配下にあったが、革命下で憲法が採択され、教皇庁を代表する者は投獄された。1791年、教皇派と革命支持派は対立したが、フランス国民議会が間に入り、アヴィニョンはコンタ・ヴェネッサンと一緒にフランスに併合された。緊張は収まらず、10月16日には革命指導者の1人が敵対勢力に殺害された。翌日の夜、報復として数十人の容疑者が教皇宮殿のグラシエールという名の塔に拘束された。そのまま射殺され、遺体は生石灰で覆われた。司法当局は、60人が死亡した事件の責任を問われた「グラシエリスト」と呼ばれた者たちを訴追したが、最終的に1792年3月、恩赦が与えられた。

俳優が自分たちの舞台をつくる

世界でも抜群の知名度がある演劇祭を発案したのは、美術評論家のクリスチャン・ゼルヴォスと詩人のルネ・シャールであった。教皇庁宮殿で現代の絵画と彫刻の展覧会が開催されるのに合わせ、俳優で演出家のジャン・ヴィラールに栄誉の中庭で演劇を上演するよう依頼した。1947年9月を皮切りに演劇祭が始まり、期間中に3作品が上演された。これが契機となり、ヴィラールは毎年ここで公演を手がけることになる。知名度の低い作品を発表し、新たな観客を引きつけ、若い俳優を売り出すという考えを実現させたもので、旧態依然としたフランスの演劇界をまるごと、パリから遠く離れた場所で刷新する狙いがあった。

───教皇宮殿は、まさに城壁や塔の石に刻まれた中世そのもので、エジプトのピラミッドの花崗岩にラムセス王の物語が描かれているのと同じ迫力がある。描かれているのは14世紀で、宗教をめぐる争いや武力を伴うもめごと、活発に闘うカトリック教会が登場している。

アレクサンドル・デュマ『南フランス』(1841年)

追加インフォ
アルビの司教都市(タルヌ県)のニックネーム「赤いアルビ」は、現地を代表する建物が赤褐色のテラコッタのレンガで作られていることに由来する。12世紀、主に南仏でカタリ派が勢力を伸ばした。カトリック教会はこれを異端とみなし、十字軍の派遣を決定した(1209−1244年)。カタリ派は、アルビに多数の支持者がいることからアルビジョワ派としても知られたが、十字軍によって壊滅に追い込まれた。その直後、アルビの司教たちは、大聖堂と司教館を建設したいと考えた。カトリック教会の力を誇示するためだった。1922年以来、このベルビー宮殿(オック語で「ビスビア」、「司教館」の意)には、1864年にアルビで生まれた画家、トゥールーズ・ロートレックの美術館が設けられている。

5つの数字で語るアヴィニョン教皇宮殿

- 西洋最大のゴシック様式の宮殿で、面積は1万5000平方メートル。
- 9人の教皇がここでその地位を継いだ。
- 2019年には67万人以上が訪れた。
- 25の部屋が一般公開されている
- 栄誉の中庭では1924人の観客が演劇を鑑賞できる。

オスピス・ド・ボーヌ
―― 保存状態は良好

保存状態がきわめてよいモニュメントである。中世における民間建築を今に伝える貴重な存在だ。また、主要なワインの生産拠点でもある。

オスピス・ド・ボーヌ

　オスピス・ド・ボーヌは、ニコラ・ロランとその妻ギゴーヌ・ド・サランによって1443年に誕生した。ロランはブルゴーニュ公であるフィリップ3世（善良公）の右腕として活躍した宰相で、莫大な財産

1443	ニコラ・ロランのもとで工事が開始
1451	落成（12月31日）
1859	ホスピス産ワインの初オークション
1971	博物館としてオープン

を所有していた。年齢を重ね、来世は天国に召されたいと考えた。「自分の魂を救う」ために、ロランは「神の館」を意味する「オテル＝デュー」という施療院を建設することで、慈善事業を展開した。そこでは、病人、貧困層、最も恵まれない人々が、ボーヌで医療に従事するカトリック修道女によって、当時としては最新の治療法で手当を受けていた。百年戦争と地方を襲ったペストが終わったところで、患者は多かった。知識が豊富で優れた経営者でもあったロランは、施設内に収入源となるブドウ園を設け、それを教皇庁の管理下に置くことで、あらゆる支払い義務を免除された。その地に建てられたのは、中世芸術の傑作であった。ヴァランシエンスのサン＝ジャック施療院など、フランドルのゴシック建築（当時、フランドルはブルゴーニュ公国の支配下にあった）から着想を得たものだった。手がけた建築家ジャック・ウィクレルも自身がフランドル人で、フランドルの職人を使った。ブルゴーニュの芸術の特徴として、色とりどりの幾何学模様の瓦が屋根を覆っていて、瓦には釉薬が施された。砂と鉛を混合したガラスの層でコーティングされ、光沢があった。

　建物の中に入ると、施設のさまざまな部屋が中庭に面して配置されていた。その名にふさわしい「貧者の部屋」には、船底を逆さまにしたような骨組みの天井の下、2人の患者が互い違いに寝ることができ

る30のベッドがあり、それぞれ赤いカーテンに隠れた個別のスペースになっている。患者はベッドに寝たまま、隣接する礼拝堂で行われる礼拝に出席することができた。食事は、二重炉の暖炉がある台所で調理された。すり鉢で薬の調剤をする薬剤師の修道女は、陶器の壺が並ぶ薬局を一手に任されていた。礼拝堂には、ステンドグラスに加え、きわめて貴重な宝物が収められた。ニコラ・ロランはそうした品々についても資金提供していたのだ。ロランは、初期フランドル派の巨匠、ロヒール・ファン・デル・ウェイデンに祭壇画を注文した。祭壇の背後の垂直部分で、絵画や彫刻を飾るのに支えとなるものだ。「最後の審判」は、可動式の9枚のオーク材の板に描かれている多翼祭壇画である。日曜日と祝日、ミサ中に信者のために公開され、金箔の輝きや、鮮やかな青と赤の色合いに触れることができた。それ以外の日は非公開とされた。

静粛に、撮影中です

フランス映画の名作「大進撃」(ジェラール・ウーリー監督、1966年)の有名なシーンは、オスピス・ド・ボーヌのまさに中核である栄誉の中庭や貧者の部屋で撮影された。オペラ座の指揮者(ルイ・ド・フュネス)とペンキ職人(ブールヴィル)が登場し、オスピス・ド・ボーヌに受け入れられる。そこで修道女たちの協力を得て、ナチス・ドイツ軍に機体を撃墜された英国空軍のパイロットたちを導き、自由地域への境界線の突破を目指すというストーリー展開である。しかし、オスピス・ド・ボーヌでは、レジスタンスは単なる映画の中だけの話ではなかった。ドイツ軍による占領中、修道女たち

は自ら危険を冒し、ナチスに追われるレジスタンスの活動家を匿ったのである。

ワインの大祭典

　オスピス・ド・ボーヌの世界的な名声は、現地の美しさや歴史だけが理由ではない。1971年に病院としての役割を終え、博物館になった。その名前はブルゴーニュの象徴であるワインと切っても切れない関係にある。ニコラ・ロランは施設の設立当初から、ブドウ畑に投資していた。遺産の提供や寄付を得るようになり、その皮切りが1457年のギユメット・ルヴェルニエによるものだった。こうして手がけられたドメーヌは今日、60ヘクタールの面積を有し、ブルゴーニュでも有数の評価を得るに至っている。その85％をプルミエ・クリュとグラン・クリュが占めている。革命後の1795年、この「神の館」が財政難に見舞われたことから、〔ろうそくが灯っている限り続く〕キャンドル・オークションが始まり、1859年から定期的に行われるようになった。

　この世界で唯一のワインの慈善オークションは、11月の第3日曜日に、世界から集まったバイヤーを前に開催される。161回目となった2021年のオークションでは、1167万ユーロ（経費を除く）の収益を上げた。集められた資金は、オスピス・シヴィル・ド・ボーヌ（現在の病院センター）と、この「神の館」という歴史遺産の保存に役立てられている。

追加インフォ

パリ最古の施療院として設けられたオテル・デュー（神の館）は、メロヴィング朝時代に遡る。ルネサンス時代までパリ唯一の施療院だったが、フランス、さらには西欧でも、最初の施療院の1つに数えられている。パリ司教の聖ランドリーはきわめて慈悲深く、650年頃にシテ島の左岸にこの施設を建てた。当時、パリの人々は貧困極まって食うに食えない状態だった。カトリック教会だけが頼りだったが、自身の司教館では手に負えずにいた。

寄付や提供された遺産のおかげで、「よき神の館」として貧しい人たちや病人を受け入れ、巡礼者の受け入れ先となり、心身の手当にあたった。オテル・デューという名はそのままの病院として、第二帝政下で1867年から1878年にかけて、ノートルダム大聖堂前の広場の北側に再建された。

5つの数字で語るオスピス・ド・ボーヌ

- 「貧者の部屋」は縦50メートル、横14メートル、高さ16メートル。
- 博物館には約5000点の展示品がある。
- 毎年40万人以上の来場者がある。
- 祭壇画は長さ5.48メートル、高さ2.20メートル。
- 2022年、ワインの総売上高は2897万8000ユーロで、過去最高額だった。

ブルターニュ公爵城
―― 偉大なブルターニュの城塞

ブルターニュ公爵城は現在、ナント歴史博物館も併設している。この地域がフランスに併合される前、王権とどのような関係だったのかを雄弁に物語ってくれる。

ブルターニュ公爵城

ブルターニュ公国はモンフォール家のもとで力を誇示し、ほぼ独立国家に近い存在だった。この家系の最後の継承者だったブルターニュ公フランソワ2世は1458年から1488年まで在位し、領土併合をめざすフランス王ルイ11世と対立した。したがって、自身の権力を確固たるものにするのに、城の建設にあたっては防衛目的だけでなく、い

13世紀	「トゥール・ヌーヴ」として知られる最初の建築物の建設
1466	フランソワ2世による大規模工事の開始
1491	アンヌ・ド・ブルターニュによる建設の続行
1915	ナント市が買収
1924	博物館への転換

かにも力があるようにアピールする必要があった。ナントに自身の宮廷を構え、13世紀に建てられた「トゥール・ヌーヴ」(新しい塔)を、難攻不落の城塞と秀逸な公爵邸に改造することを決めたのである。

アンヌ女公爵

　弱体化した公国を1488年に引き継いだアンヌ・ド・ブルターニュは、降伏するのではなく、フランス国王シャルル8世との結婚を選択した(1491年)。鍵となったのは結婚に際して取り決められた2つの条項だった。先に死亡した者に正統な相続人がいない場合、もう一方がブルターニュ公国の継承者となり、シャルル8世が先に亡くなった場合、アンヌはその後継者と結婚しなければならないというものだった。この取り決めは、シャルル8世が1498年に低いドア枠に頭をぶつける事故で亡くなったことで、現実のものになった。シャルル8世の従弟であるオルレアン公ルイが戴冠し(ルイ12世)、ブルターニュ公爵城の礼拝堂で、未亡人となったアンヌとの結婚式が執り行われた。一方、この結婚の際の契約によって、アンヌは自身が継承するブルターニュ公国の自治が保証された。アンヌは公国を改めて統治することになり、ナントの城の建設を続けることができた。城はフランボワ

ヤン様式のゴシック建築で、アンヌはここにイタリア風のスタイルを取り込んだ。ルネサンス建築を彷彿とさせるものだ。その点は、工事を引き継いだフランソワ1世も受け入れた。フランソワ1世は1515年からフランス国王となり、ブルターニュ公国のアンヌとルイ12世との間に生まれた娘クロード・ド・フランスの夫として、公国を掌握することになる。

宗教平和のため？

1562年から1598年にかけて、フランスではカトリックとプロテスタントが対立する内戦、すなわち宗教戦争が起きた。国王のアンリ3世（カトリック）は1589年、後継者がいないまま亡くなったが、その前にナバラ王アンリ（プロテスタント）を後継者に指名していた。ナバラ王アンリにとって、自身の信仰を放棄するだけでは、敵対するカトリック教徒を前に、その権力を確固たるものにするには不十分だった。アンリはアンリ4世としてフランス国王になり、敵対するカトリック勢力との戦いを指揮する必要があり、とくにブルターニュには、最後まで残った強力な敵であるメルクール総督がいた。メルクールは1598年3月、降伏した。自身の地位を放棄するのと引き換えに巨額の金銭を手にした。アンリ4世は4月13日にナントに入り、プロテスタントに信仰の自由を与え、宗教戦争に終止符を打つ「ナント勅令」に署名した。

軍事的な用途

　ブルターニュ公爵城は宗教戦争の混乱に巻き込まれ、監獄として使われたあと、1784年からは城は兵舎、さらには武器庫にもなった。損害は免れなかった。1800年5月25日のことだ。爆発音が鳴り響き、トゥール・デ・エスパニョールで床が崩れた。不幸なことに、そこに弾薬庫が保管されていたため、爆音は続き、残骸も飛び出てきた。60人が命を落とし、城の大部分崩れ落ちた。

　装飾美術館の開設に向けた再建工事が施されたのは、ようやく1920年代になってからだ。ナント市が所有者になったことで実現した。第二次世界大戦の際、ドイツ軍が中庭に防舎を建設した（1943年）ことで、城の軍事的な役割が復活した。幸いにも連合軍による爆撃は免れたが、老朽化が進んだ。そこで、20世紀の後半を通じて、修復工事が続いた。2007年に完成し、城にはナントの歴史博物館が設けられた。歴史あるこの地に、これ以上ふさわしいものはないと言えるだろう。

　　───なんてことだ！　ブルターニュ公爵たちはたいした連中だった。
　　　　　　　　1598年3月18日にアンリ4世がナント城を目にして発した言葉

追加インフォ

フジェール城（イル＝エ＝ヴィレーヌ県）は、欧州に現存する最も重要な中世の要塞である。13の塔があり、ブルターニュの北東の境界をノルマン人から守っていた。11世紀には木造の塔だったが、1173年にフジェール男爵ラウル2世に

よって地元の片岩と花崗岩の石材を使って再建された。城は、ブルターニュ継承戦争をはじめとする百年戦争などフランスを巻き込んだ戦争を通じ、中世のあらゆる危険をくぐり抜けた。

　1793年、この城はヴァンデの反乱の最後の戦いの舞台となった。バルザックはそこからヒントを得て、小説『ふくろう党』（1829年）を書いた。

5つの数字で語るブルターニュ公爵城

- 敷地面積は2.9ヘクタール。
- 7つの塔をつなぐ500メートルの城壁に囲まれている。
- ピエ・ド・ビッシュと呼ばれる独房は、2平方メートル、高さ1.3メートル。
- 2019年の来場者は30万9000人。
- 博物館ではナントの歴史を、ガロ・ローマ時代から未来まで、7つのテーマに沿って展示している。

アンシャン・レジーム
（旧体制）

Ancien Régime

封建制のもとで割拠した勢力が争い、カトリック教会が存在感を示したのが中世である。一方、新たな統治システムを導入しようと奮闘したのがフランス革命だった。その両者の間に位置づけられるのがアンシャン・レジームで、この時代、君主制が確立され、中央集権化、絶対化が進み、ルイ14世の長い治世でその頂点に達したのである。モニュメントという点では、ヴェルサイユ宮殿が象徴的な存在であるのは明らかである。しかし、フランソワ1世はシャンボール城によって、そうした宮殿建設への流れをすでに作っていた。シュノンソー城は女性も主導権を握った事例である。この時代、国王たちは競って宮殿の建設にいそしんだ。エリゼ宮のように共和国大統領たちが繰り返し使っていくことになる宮殿だけでなく、ナポレオン1世の墓があるアンヴァリッド、この国の偉人が男女とも眠る巨大な墓所のパンテオンなど、当初の役割を終えたあとに死を弔う場所となる建築物も建立された。

シュノンソー城
―― 女性たちが活躍

　　シュノンソー城は「淑女の城」という愛称がふさわしい。この城をロワール渓谷でとびきり魅力的な城にしたのは、女性たちが奮闘したからである。

シュノンソー城

　事の始まりは、1人の男性だった。あるいは2人と言ってもいい。ジャン2世・マルクはシュノンソーの領地に城塞を建設した。城はシェール川の水上に建てられた水車と橋でつながっていた。1435年ご

1513	ルネサンス様式の本館の建設開始
1547	アンリ2世がシュノンソー城を愛妾のディアーヌ・ド・ポワチエに贈る
1577	シェール川に設けられた回廊がオープン
1913	ムニエ家が新しい所有者に

ろに完成したが、1496年に借金で首が回らなくなった当時の所有者から、トマ・ボイエの手に渡った。ボイエはノルマンディーの財務長官、イタリアにおける戦争の財務担当者を歴任した人物であった。ルネサンス建築に魅了され、そこから着想を得て、妻のカトリーヌ・ブリソネの協力を仰ぎながら、新しい城を建設した。以前の城から残したのは塔だけで、古い水車の柱を土台に、川の水上に建てたのである。

王様、愛人、夫を寝取られた女

　ボイエ夫妻の息子は負債を相続し、城をフランソワ1世に譲渡することを余儀なくされた（1535年）。フランソワ1世は城を重んじることはあまりなく、1547年に亡くなると、息子のアンリ2世は愛妾のディアーヌ・ド・ポワチエに城を贈った。

　ディアーヌは建築に熱心で、実現していなかったボイエ夫妻の構想を引き継ぎ、水上の城からシェール川に5つのアーチ型の橋をかける計画に取り組んだ。さらに、イタリア風の素晴らしい庭園、果樹園、菜園も設けた。王室の資金をふんだんに使い、自身の願いを実現する費用は確保できた。しかし、運命だけは、さすがのディアーヌも意のままにならなかった。1559年、アンリ2世が馬上槍試合で負傷したことがもとで亡くなり、それまで軽んじられてきた王妃カトリーヌ・

ド・メディシスはライバル関係にあったディアーヌを城から追い出した。亡くなったアンリ2世とディアーヌの愛の象徴だったシュノンソー城を手に入れたカトリーヌは、そこに自分の痕跡を残したいと願い、シェール川にかかる橋の上に大きな回廊を設け、豪華な宴を催した。王妃として自分が今やこの城の主であると世に知らしめたのである。

　1589年になると事態が暗転する。1月にカトリーヌ・ド・メディシスが亡くなり、さらに8月に息子で国王のアンリ3世が暗殺されたのである。アンリ3世に先立たれた妻のルイーズ・ド・ロレーヌはシュノンソー城の自室に引きこもって暮らした。壁を黒に塗り直して喪の印とし、そこにどくろ、骨、銀の涙を散りばめた模様の黒い絹を張らせた。

親愛なるシュノンソー城は高くつく

　1733年、城は王室の手を離れ、裕福な徴税人クロード・デュパンに売却され、妻のルイーズとともに、この城が凋落の一途をたどらないよう立て直しに尽くした。1863年に当時相続していた人物が亡くなったとき、これを手に入れたのはペルーズ夫妻で、妻のマルグリットが大規模工事を手がけた。マルグリットは裕福な家の出身だったが、生活が立ち行かなくなり、シュノンソー城を手放す結果となった。チョコレートで財を成したムニエ家が1913年に城を購入し、時間の経過とともに観光客の需要にも後押しされながら、ビジネスとして成功させた。

城の女主人は啓蒙主義のやり手

ルイーズ・デュパンとともに、シュノンソー城は啓蒙主義の時代に入った。輝きを取り戻し、ふたたび注目を集めること

アンシャン・レジーム

となったのである。時代は変わり、宮廷内のパーティーは影を潜めていた。デュパン夫人はサロンを開き、啓蒙運動指導者のヴォルテール、ビュフォン、ピエール・ド・マリヴォーといった当時の第一線の知識人を迎え入れた。まだ無名だったジャン=ジャック・ルソーは一時期、デュパン夫人の秘書を務めたこともあった。デュパン夫人は、シュノンソー城がフランス革命という転換点をうまく生き延びるのに尽くしたのである。城の礼拝堂を薪の貯蔵庫に変えて活用し、このことでルコント神父の支持を得た。ルコント神父は、モントリシャールとブレレを結ぶ唯一の橋である公共財産として、城を守るよう市民に訴えた人物である。

———シュノンソー城には、なんとも言えない独特の心地よさと貴族的な静けさが漂っている。〔中略〕その気品には力強さや優しさがあり、その穏やかさは哀調を帯びているが、わずらわしさ感じることはない。

ギュスターヴ・フローベール
『ブルターニュ紀行　野を越え、浜を越え』(1847年)

追加インフォ

ロワール渓谷には、バルザックが「アンドル川にはめ込まれたファセット・カットのダイヤモンド」と表現したアゼ=ル・リドー城がある。フランソワ1世のもとで存在感を示した徴税官でトゥール市長のジル・ベルトロという人物がいた

が、その妻フィリップ・レバイが1518年から、古代の要塞の廃墟にこの城を建設した。ここは大逆罪を理由に、灰燼に帰した場所であった。1418年のことだった。のちのシャルル7世（当時は王太子）が現地を訪れた際、衛兵から侮辱を受けた。報復として部隊全員が虐殺され、当時の要塞に火が放たれたのである。それ以来、その地はアゼ・ル・ブリュレ〔ブリュレは「燃やされた」の意〕と呼ばれることになるが、そこに建てられた城は放棄され、再建され、修復され、ふたたび荒れ果て、1871年にプロイセンに接収された。国は空になって廃墟と化していたこの城を1905年に買い取り、工事を施したあとに一般公開した。

5つの数字で語るシュノンソー城

・シェール川の回廊は60メートル続く。
・ディアーヌ・ド・ポワチエの庭園は1万2000平方メートルに及ぶ。
・カトリーヌ・ド・メディシスの迷路には2000本のイチイの木が植えられている。
・1914年から1918年にかけて軍事病院となり、回廊には120台のベッドが設けられた。
・毎年約85万人が訪れる。

シャンボール城
―― 城の王様

フランボワイヤン様式のゴシック建築の魅力と、イタリア・ルネサンスの洗練された味わいを組み合わせると、おとぎ話に出てくるような城のイメージが永遠に広がっていくだろう。

シャンボール城

もっとも、まず登場したのは、シャンボール城でフランス王権の力を圧倒的に誇示してやろうと心に決めた国王だった。フランソワ1世で

1519	フランソワ1世による建設工事
1670	モリエールが『町人貴族』を初演
1685	ルイ14世のもとで工事が完了
1930	国が購入
1939	ルーヴル美術館の作品がシャンボール城に避難
1981	ユネスコの世界遺産に登録
1988	英国のダイアナ皇太子妃、チャールズ皇太子、モナコのカロリーヌ公女がガラディナー
2016	コッソン川の増水で洪水

ある。建築をこよなく愛した。イタリアの建築物を見て、感銘を受けた。すでに即位以来、ブロワ城やアンボワーズ城の事業に取り組んでいたが、追加工事や改修にすぎなかった。美的な完成度もすべて自分で追求し、ゼロから建築を手がけたいと考えていた。当時としてはルネサンスの美学に精通したモダンな人物ということになるが、中世の騎士道にも思いをはせ、強く影響を受けていた。そのため、2つの要素を兼ね備えた建築物を作りたいと考えた。フランボワイヤン様式のゴシック風の城塞としては、中央に主塔を設けて角塔も配置し、水で囲んでまるでそこから出現したかのようにし、同時にイタリア風の宮殿も想定し、窓、テラス屋根、そして装飾の数々を設け、均整がとれるよう配慮したというものだった。

レオナルドの影響

　フランソワ1世は巨大な事業に取り組むのに、ブロワ伯爵のかつて

の狩猟場だったシャンボールが頭に浮かんだ。シャンボールという名前は、ケルト語の「カンボ・リトス」に由来し、「曲がりくねった浅瀬」（歩いて渡れる水路になっている浅瀬）を意味する。そこには12世紀に要塞化された城の主塔がそびえ立ち、その地は15世紀末からフランス王室の領地になっていた。フランソワ1世は狩猟に熱心で、そこで猟犬を使った狩猟の練習をする機会があり、すばらしい思い出となっていた。

その建築がどのようなものだったか、ほとんど今に伝わっていない。行政施設が手狭という事情から、古い記録を処分してしまったためだ。イタリア人建築家ドメニコ・ダ・コルトナが設計したものなのだろうか。完璧な対称性と数学的な均整が実現したシャンボール城の設計に、レオナルド・ダ・ヴィンチの影響があると見る人もいる。黄金比の理論に基づき、とくに城の呼び物である二重のらせん階段の設計に、レオナルドが役割を果たしたと考える説である。この階段は、上る人と下る人が出会わないように設計されているが、1519年9月に建設が始まったとき、レオナルドが亡くなって4か月が経っていた。

シャンボール城の建設は、沼地の真ん中という立地から複雑さを増し、最大1800人が動員されて作業にあたった。フランソワ1世は、ロワール川の水を取り込む堀を望んだが、実現しないままだった。地元のコッソン川から流れる水で満足するほかなかったのである。

ヴィクトル・ユゴーは愉しむ

フランソワ1世は「女性のいない宮廷は、花のない庭園のようなものだ」と語ったと言われている。国王はもっとひどい女性蔑視の皮肉が込められた発言をしたとも言われ、「女性

は変わることが多い。信じるのは愚かである」という言葉はよく知られる。ある日、感傷的になって落ち込み、女性の移り気についての思いを詩に託し、指にはめたダイヤモンドを使って、シャンボール城の自分の部屋の窓に刻み込んだと言われる。美しい話だが、事実は違う。17世紀の回想録作者ブラントームが伝えるところによると「すべての女性は気まぐれだ」という言葉で書かれていたが、別人の手で「女性はしばしば気まぐれだ／信じるのは愚かだ」という表現に変えられ、ヴィクトル・ユゴーが自身の戯曲『王は愉しむ』(1832年)で次のように書いたものに落ち着いて現在に至っている。

女性はしばしば気まぐれだが、
信じるのは本当に愚かだ！
女性はしばしば
まさに風に揺れる羽根のようである！

長丁場の計画

フランソワ1世は、自身の夢が実現するのを見届けられなかった。1547年に亡くなったとき、城の礼拝堂の翼や低層部分は未完成のままだったからだ。そもそも、おかしなことに、自身を象徴するはずのこの城で、フランソワ1世は72泊しただけだったのである。ただ、自身の居城として使用されなかったとしても、とりわけ生涯の宿敵だった神聖ローマ皇帝カール5世に対し、この城を見せつけるという最大の目的を果たすのには役立った。1539年、フランソワ1世がカール5

世を招き入れた際、「すごい！」という反応があったのだ。カール5世は、大げさに応じてフランソワ1世の自尊心を助長するようなことはしたくなかったものの、驚愕の色は隠せなかったようだ。城がまだ工事中であることを隠そうと、フランソワ1世は応急措置として資金と投入した。つまり、足場を素早く撤去し、窓を取り付け、見栄えのよい家具を搬入したのである。タペストリーを使って瓦礫を隠したほどだった。

　フランソワ1世のあとを継いだ王たちは工事の継続を徹底し、自分で住むこともあった。というのも、現地はかねてから狩猟の名所だったからだ。この地にルイ14世が熱をあげたのは1660年のことだった。城再生のため、マンサールからル・ヴォーまで、最高の建築家たちを呼び寄せたのである。しかし、「デュードネ（神の賜物）」という洗礼名を授かったルイ14世は、いくら名声のある城だとしても、中古の城に満足できなかった。太陽王と言われるからには、自身にふさわしい宮殿で、このうえなく輝かしいものを望んだのである。こうして、のちにヴェルサイユ宮殿の建立に至るのであった。

理想的な隠れ家

　あとを継いだルイ15世はシャンボール城に特に関心を寄せなかった。ポーランド王位を追われて亡命を余儀なくされた義父のスタニスワフ・レシチニスキがこの城を自由に使うのを許した。その後、フランスの元帥モーリス・ド・サックスにこの城を与えた。戦場で輝かしく活躍したことに対する素晴らしい報いだったのだ。モーリス・ド・サックスはそれから5年で亡くなることになるのだが、大規模工事を実施し、庭園の美しさに磨きをかけるのに、その5年を費やしたのである。

あとは野となれ山となれ！ そんな歴史上の発言の通り、ルイ15世の治世のあとは大洪水のような混乱が待っていた。その最たるものがフランス革命だった。建物という建物は持ち主が君主かカトリック教会かを問わず、絶えず受難の時代を迎えることになる。シャンボール城について言えば、最悪の事態は免れた。しかし、この表現は不適切だ。壁が取り壊しを免れる一方、家具は荒らされて略奪され、売り飛ばされる始末だったからである。

ワグラムの戦い（1809年）のあと、ナポレオン1世はこの城をフランスの元帥ベルティエに褒美として与えたが、その維持費としてかなりの額を負担した。1815年にベルティエが亡くなると、あとに残された妻は維持ができなくなった。王政復古の際、王室のもとに戻った。

1930年から国の所有になっていたシャンボール城は、第二次世界大戦中、その500年の歴史の中でも、きわめて意義深い役割を果たすことになる。ナチスの脅威にさらされていたルーヴル美術館の宝物、すなわちレオナルド・ダ・ヴィンチの「モナ・リザ」、ウジェーヌ・ドラクロワの「民衆を導く自由の女神」を含む3690点の絵画や「ミロのヴィーナス」の保管場所になったのである。1944年、この地域にいたドイツ兵は、レジスタンス活動家が身を隠しているという口実で、シャンボール城を破壊すると脅迫した。破壊されずに済んだのは、ドイツ語を話す司祭がうまく交渉したからだった。まさに魔法がかった城は、ここでも災難を免れたのである。

白色旗の方がよい

シャンボール城に対しては1821年、王子として王位継承候補だったアンリ・ダルトワのため、国民から寄付が集まった。

王子はシャンボール伯と呼ばれることになる人物である。ナポレオン3世の退位につながった普仏戦争での敗北のあと、新たに王政復古を実現させる余地が生じ、正統な継承権を持つシャンボール伯アンリは一定の支持を得ていた。しかし、アンリ5世として即位するのに、1つの条件を示した。忌まわしい革命を象徴する三色旗ではなく、白いフランス王国旗を使うというものだった。それをシャンボール城で宣言書に明記した。自身の支持者や、仮に第三次の王政復古となれば恩恵を受ける者たちが撤回するよう説得したが効き目はなく、アンリは自分の考えを曲げなかった。こうして王政復古の好機は失われ、第三共和制の成立に至るのである。

———〔前略〕泥だらけの沼地と大きなオークの木との間、あらゆる道から遠く離れたところで突然、遭遇したのは王室の城、あるいはむしろ不思議な城だった。何らかの魔法のランプに突き動かされて、東洋の魔神が千の夜のどこかで城を連れ去り、太陽の国から城を盗み、美しい王子の愛とともに霧につつまれた場所に隠そうとしたかのようである。

アルフレッド・ド・ヴィニー『サン＝マール』（1826年）

追加インフォ

イタリア征服の夢に駆り立てられて、シャルル8世はパヴィーア、ピサ、フィレンツェを占領し、タペストリー、古代の大理石、象牙の彫刻を略奪した。それで美しく飾り立てたア

ンボワーズ城は、大きく変貌する最中であった。ただ、シャルル8世は城の扉の鴨居に誤って頭を打ちつけ、28歳で亡くなってしまう（1498年）。あとを継いだルイ12世はブロワ城を好み、重きを置かれなくなったアンボワーズ城は（もともとシャルル8世の姉に育てられた）ルイーズ・ド・サヴォワが手にすることとなった。ルイーズ・ド・サヴォワはそこで将来のフランソワ1世を含む子どもたちを育てた。フランソワ1世は即位すると、自身が育った城への愛着を持ち、未完の工事を再開した。500メートル離れたクロ・リュセ城に、自身が「私の父」と呼んだレオナルド・ダ・ヴィンチを迎え入れた。

5つの数字で語るシャンボール城

- 5440ヘクタールの敷地は、32キロの壁に囲まれている。
- フランス式庭園は6.5ヘクタールの広さ。
- 城の最高点であるランタン塔は高さ56メートル。
- フランソワ1世の紋章であるサラマンダー（火トカゲ）は300点以上ある。
- 2019年には113万852人の来場者があった。

ヴェルサイユ宮殿
―― 贅を尽くす

田園や森林が広がる一帯にあって、その町は太陽に向かって伸びる向日性植物のようだった。ルイ14世はその地で、太陽王として自身の思うまま、世界で最も美しい城を築き上げたのである。

庭園から見たヴェルサイユ宮殿

ルイ14世はシャンボール城を訪れ、可能な限り城を充実させることで、権力をいっそう効果的に誇示できると悟った。ルーヴル宮殿には、独自色を出す余地はほとんど残っていなかった。自身の考えをゼロから実現させるのに、手つかずかそれに近い土地が必要だったのである。

ルイ14世は自身の構想を描くのにヴェルサイユを選んだが、その

1631	ルイ13世が狩猟の館を小さな城に改造し始める
1662	ルイ14世が父の城の改修に着手
1668-1670	「ル・ヴォーのエンヴェロープ」の制作
1682	国王と宮廷がヴェルサイユ宮殿に移る（5月6日）
1688	グラン・トリアノンの建設完了
1710	王室礼拝堂の完成
1770	王室オペラ劇場の建設
1783	ヴェルサイユ条約でアメリカ合衆国（13植民地）の独立を承認
1871	パリ・コミューンの際、政府がヴェルサイユに逃走
1924	ジョン・D・ロックフェラー・ジュニアが修復工事を支援
1979	ユネスコの世界遺産に登録
1999	嵐で庭園の1万本の木が倒れる

矛盾を自覚していたのだろうか。というのも、その地には1624年、国王の父ルイ13世がすでに狩猟小屋を建てていたからである。現地はパリ西方にある森で、サン゠ジェルマン゠アン゠レー城から目と鼻の先にあり、絶好の狩猟場だった。この狩猟の館は質素で、フランス王にふさわしくないと考える人もいたことから、嘲笑を招いたり、控えめに言っても「小さな家」だと揶揄されたりもした。そこで、ルイ13世は1631年から1634年にかけて拡張工事を実施して状況を改善し、「小さな城」にした。「小さな」という形容詞が変わるかどうかは、ルイ14世次第であった。ルイ14世は、自身が好んだ狩猟をするのに頻

繁に訪れていて、悪い印象はなかった。現地を少しでも活用し、宮廷活動の拠点を作りたいと考えた。そのためには拡張工事が必要で、1662年に着工した。それはおそらく控えめと言えるもので、ルイ14世は建物の構造を根本的に変えることなく、ちょっとした手直しや模様替えをして、装飾を加えることで満足している様子だった。その一方で、オレンジ温室、外来の動物を収容するための動物小屋が増設された。王はとりわけ庭園を重視し、幾何学者で農学者でもあり、建築と水理学に精通したアンドレ・ル・ノートルに任せ、フランス式の立派な庭園が完成した。

お城のパーティを贅沢に

ルイ14世が惚れ込んだルイーズ・ド・ラ・ヴァリエールは、1661年に義妹の侍女として宮廷に入った。ルイーズは美しく、少し足が不自由で、素朴で無私な性格だった。ルイ14世は1664年5月7日から13日まで、改修が進むヴェルサイユ宮殿で記念の祝典を開き、娯楽に興じることとなった。表向きは自身の母と妻に捧げる名目だったが、実際はルイーズのためで、その開催に力を惜しまなかった。「魔法の島の悦楽」と銘打ち、ルイ14世が晴れ着姿で馬に乗ってパレードした。アポロンをかたどった花車、馬術競技、宝くじ、プロムナード（散歩）、バレエ、花火、祝宴、演劇の上演などが続いた。モリエールは『タルチュフ』の初演を行い、ジャン＝バティスト・リュリとともに「コメディ・バレ」（舞踊喜劇）の『エリード姫』を創作した。600人の客を酔わせるには十分だった。

ヴェルサイユ宮殿

ルイ14世がついに、悦楽の宮殿を絶対君主の邸宅に変えることになり、次のように展開した。建築家ルイ・ル・ヴォーが1668年に起用された。1.5キロ超の水路である「グラン・カナル」（大運河）が宮殿のために開通したのと同時期である。手がけたのは「エンヴェロープ」（覆い）で、これはルイ13世時代の建物を保存し、母屋を増築したものであった。そこから追加工事は止まることなく続き、1670年にルイ・ル・ヴォーが亡くなるとジュール・アルドゥアン＝マンサールが引き継ぎ、今日に至る見事なヴェルサイユ宮殿の全貌がお目見えしたのである。数々の華麗な建物の中でも際立つのは、縦73メートル、横10.5メートル、高さ12.5メートルの「鏡の間」である。庭園に面し、北翼の国王の住居と南翼の王妃の住居をつなぐ位置にある。真西を向いていることから、大きな窓から日差しが入り、鏡のモザイクの中に反射する。ルイ14世の治世下で最後の建築物となったのは「王室礼拝堂」で、聖ルイ（ルイ9世）に捧げられたものであった。他のどの建物より高く立ち誇っている。

太陽王の24時間

- 午前8時30分　王の目覚め。筆頭侍従が「陛下、お時間です」と耳打ちする。医師の聴診が終わると、祈りの時間。寵臣数人が王の洗面に付き添う「プティ・ルヴェ（小起床）」が行われ、その後、王が服を着せられ、スープを飲み、100人の廷臣たちの前で用を足す「グラン・ルヴェ（大起床）」という儀式が行われる。
- 午前10時　礼拝堂でミサが30分間続く。
- 午前11時　王は5、6人の大臣の助言を受けながら、王国

の執務にあたる。
- 午後1時 「プティ・クヴェール」（小膳式）の食事、ルイ14世は自室で1人で食事をとる。
- 午後2時 午前中に、王は午後に庭園で散歩するか、狩猟に出るかを決めておく。
- 午後6時 ルイ14世は執務。文書に署名したり、進行中の懸案に取り組んだりする時間。
- 午後10時 「グラン・クヴェール」（大膳式）の宴会。盛りだくさんのメニュー：ポタージュ、前菜、ロースト、アントルメ（軽い食事・デザート）、サラダ、フルーツ、水で薄めたワイン。
- 午後11時30分 「グラン・クシェ（大就寝）」と「プティ・クシェ（小就寝）」の儀式のあと、約30人の従者の前で国王はナイトキャップをかぶる。

付属の建物

　ヴェルサイユには、宮殿、礼拝堂、庭園、菜園、動物小屋、オレンジ温室、馬小屋に加えて、別邸が設けられている。この別邸はむしろ、ルイ14世のための隠れ家のような庭園であった。1668年、おそらく緑の庭園の広さがまだ十分でないと考え、トリアノンと呼ばれる近くの村落を購入した。ヴェルサイユ宮殿から歩いて20分ほどの新しい楽園はきわめて快適で、そこに散歩を終えて休憩できる建物を望んだのである。ルイ・ル・ヴォーはすぐに実行に移して完成させ、外壁が青と白の焼き物の板で覆われていることから、「磁器のトリアノン」と呼ばれた。宮廷から離れ、当時のお気に入りだったモンテスパン侯

爵夫人との逢瀬をしばし楽しむのに、理想的な場所となったのである。1687年、国王の好みが変わり（愛人の好みも変わった。マントノン夫人との出会いのことである）、マンサールに「ピンクの大理石と斑岩（色彩豊かな岩）で、魅力的な庭付きの小さな宮殿を建ててほしい」と頼んだ。すぐに完成した大理石のトリアノンは平らな屋根の平屋建ての宮殿で、ペリスタイル（中庭を囲む柱廊）でつながる2つの翼がお目見えした。プチ・トリアノンと区別するのに、グラン・トリアノンという呼び名で広く知られる。グラン・トリアノンのすぐ近くにあるミニチュア版のプチ・トリアノンは、ルイ14世のひ孫にあたるルイ15世によって建てられた。ルイ14世と15世は、庭園とトリアノンを愛したという点で共通していた。1749年、ルイ15世は北東部分に新しい庭園と動物小屋を建設すると決めた。これに続くのが小規模の館と温室のある植物園であった。そしてついに、ギリシャ風の小さな正方形の宮殿が建てられた。各ファサードごとに異なった趣きがあり、欄干に囲まれた平らな屋根がある。国王の建築家であるアンジュ＝ジャック・ガブリエルが設計し、1768年に完成した。

　プチ・トリアノンは、とくにマリー＝アントワネットが愛着を持っていた。それを与えた夫ルイ16世はマリー＝アントワネットについて、ヴェルサイユ宮殿や宮廷生活が負担になっていて、平和な隠れ家を必要としているのをおそらく承知していたのである。マリー＝アントワネットはプチ・トリアノンで多くの時間を過ごしており、そこを大改造したいと思うのも、大いに理由があった。フランス式庭園は自身の好みではないことから英国式に変え、湖、川、展望台、洞窟、「愛の神殿」も設けた。演劇を愛し、舞台を設け、自分でも演じた。農民のように過ごすことを夢見て、牛、ヤギ、ハトなどのいる「王妃の村里」を作るよう命じたのである。

ヴェルサイユ宮殿は人民のもの

 フランスの農民たちに溶け込もうとする努力の甲斐なく、「オーストリア人」であるマリー＝アントワネットは、1789年のフランス革命の担い手たちに同志だとは認めてもらえなかった。10月5日、飢えたパリの女性たちがヴェルサイユに向かった。宮殿にいる王室一家をパリのチュイルリー宮殿に連れ戻すためだった。こうしてヴェルサイユ宮殿は、君主の拠点としての使命を終えた。

 「フルール＝ド＝リス」（ユリの花）の紋章やルイ14世のモノグラム（組合せ文字）といった王室のシンボルは取り除かれた。王の家具は売却され、絵画は美術館となったルーヴル宮殿に移された。動物たちは新設された自然史博物館に移された。木々の一部は薪となった。

> ───〔前略〕ヴェルサイユは、すべての場所の中で最も悲しく、不快で、景色もなく、木もなく、水もなく、土地もない。そこにあるすべてのものは流砂か沼地であり、風通しが悪く空気は良いはずもない。〔中略〕この傑作はきわめて破滅的で悪趣味であり、池や木立にことごとく手が加えられ、途方もない額の金が費やされている。〔後略〕
> サン＝シモン『回想録』
> （死後出版、1829－1830年）

 「王政復古」を意味するrestaurationには「再建」という意味もあるが、ヴェルサイユ宮殿はこの時期に再建されなかった。再建は、ルイ＝フィリップ1世が宮殿の用途を変える決定をして初めて、実現したのである。「フランスのすべての栄光に」に捧げられた「フランス歴史博物館」のことで、1837年にオープンした。手入れが施されたお

かげで、時の経過とともにかつての威光が戻ってきた。テーマ別で見せる博物館でありながら、その枠を超えて世界的な観光地に発展したのである。新型コロナウイルス感染症の世界的流行前の2019年には820万人が来場した。ヴェルサイユ宮殿はこうした役割に加え、政治的な機能も持ち合わせている点で特別だ。第五共和制憲法は、いかなる憲法改正もヴェルサイユ宮殿の議場で開催する上下両院合同会議で可決されなければならないと規定している。

対立の間

1871年1月18日、フランスが普仏戦争で敗北した結果、金箔が輝くヴェルサイユ宮殿の「鏡の間」で、ドイツ帝国の建国が宣言された。ヴィルヘルム1世は、ドイツに勝利したフランスのルイ14世の栄光を讃えるシャルル・ル・ブランの絵画の下で、自国の勝利に誇らしい様子だった。フランスが仕返しする時が到来したのは、1919年6月28日のことで、ドイツは同じような厳粛な雰囲気の中で、第一次世界大戦での敗北を認め、6万8000平方キロの領地を割譲するヴェルサイユ条約に署名し、巨額の賠償金を課せられた（1320億金マルク）。フランスにとっては、自国内におけるちょっとした復讐劇であった。もっとも、あとから考えると喜ぶことはできない。というのも、この出来事によって、第二次世界大戦の火種が生まれてしまったからである。

現在の第五共和制は、ルイ14世が確立した君主絶対主義について、

一種の民主的な再解釈を図ったものである。言わば「共和制君主」である大統領は、国際情勢に影響力のある重要人物を盛大に迎えるのに、ヴェルサイユ宮殿を利用することをためらわない。この宮殿の威光は不変である。かつてはルイ14世の時代にそうであったし、現在、そして将来に向け、フランスとフランス人がそれを引き継ぐのである。ヴェルサイユ宮殿、万歳！

追加インフォ

建築家ルイ・ル・ヴォー、画家シャルル・ル・ブラン、造園家アンドレ・ル・ノートルというフランス国内で最高の人材を集めて20年かけて工事を実施した末、ヴォー＝ル＝ヴィコント城（セーヌ＝エ＝マルヌ県）が完成した。これを記念して1661年8月17日、城を所有する裕福な大蔵卿ニコラ・フーケ（一種の国家の銀行家）は、ルイ14世を盛大なパーティーに招待した。モリエールとリュリによる「コメディ・バレ」（舞踊喜劇）、料理の絶対的な達人フランソワ・ヴァテールによる贅沢な料理が登場するプログラムだった。このことにルイ14世は驚き、フーケを即座に逮捕させた。これほどの私財を蓄えたからには、王に対する不敬罪にほかならなかったからだ。そして、この城の建設にあたった3人に対し、ヴェルサイユに最上級の城を建てるよう命じたのである。

| 5つの数字で語るヴェルサイユ宮殿 |

・敷地面積は830ヘクタール。
・毎年30万本の花が植えられる。
・宮殿には2300の部屋がある。
・「鏡の間」には357枚の鏡がある。
・6万点以上の美術コレクションを所蔵している。

アンシャン・レジーム

アンヴァリッド
──五つ星の館

古典建築の傑作であり、エッフェル塔が建設されるまではパリで一番高いモニュメントだった。太陽王ルイ14世の治世においては、ヴェルサイユ宮殿に次いで最も象徴的な存在である。

アンヴァリッド

　ルイ14世は、自身が戦争にのめり込みすぎたと半ば認めていた。死に際、ひ孫で将来ルイ15世となる5歳の王太子にこう諭した。「わが子よ、世界で一番の王になるだろう。〔中略〕戦争で私のまねをしないように。隣国との平和を常に維持し、国民を救済できるよう最大

1671	•	アンヴァリッドの建設開始
1674	•	最初の入居者が到着
1676– 1679	•	ジュール・アルドゥアン＝マンサールによる「兵士の教会」の建設
1706	•	ルイ14世によるドーム教会の献堂と落成式
1840	•	ナポレオン1世の遺骸がパリに移設される
1861	•	建築家ルイ・ヴィスコンティによるナポレオン1世の墓が設けられる
1905	•	軍事博物館がオープン
1989	•	純金箔でドームを修復

限努めること。残念なことに、私は国家の必要性から、それができなかった」。

　ルイ14世が行ったすべての戦争によって、多くの兵士が傷病を患い、極貧や苦痛にあえぎ、しばしば物乞いをするまで追い込まれていた。国の責任を感じていたルイ14世は1670年、その貢献にふさわしい療養施設の建設を決定した。場所は当時パリのすぐ外にあったグルネル平野で、セーヌ川沿いだった。

　アンヴァリッドの工事は翌年、建築家リベラル・ブリュアンの指揮のもとで始まった。四角い中庭の周りに建立された王立サン・ロレンソ・デ・エル・エスコリアル修道院（スペイン）から着想したもので、（同じ長さの棒が中央で交差する）ギリシャ十字を設計に取り入れた。中央の中庭を囲むように建物が並び、そこには住居や食堂があり、作業場や製作所もあって、健常な入居者たちが働いていた。1674年、翌年の建物完成を前に、最初の入居者が到着した。

シンボルのオオカミ、手がけたのはルーヴォワ

ルイ14世のもとで戦争を手がける陸軍大臣だったルーヴォワ侯爵は、軍事面だけでなく、社会的な役割もあったアンヴァリッドの実現に深く関与していた。自身にとって、アンヴァリッドは大切なものだった。このプロジェクトを20年にわたり、目立たないながらも監督する役目を担ったからである。そのことがうかがえるのは、栄誉の中庭を見下ろす60の小窓の1つで、オオカミと思われる動物にまつわるものである。目を大きく開き、前足に「牛の目窓」を抱えている。ウインクする様子が石に刻まれているオオカミはアンヴァリッドを見ていて、ルーヴォワを想起させる。フランス語では「オオカミが見る」(loup voit)に相当する表現が「ルーヴォワ」(Louvois)と同じ発音で、言葉遊びが成り立つからである。

教会に2つの役目

1676年に、王室建築総監を担うジュール・アルドゥアン=マンサールがアンヴァリッドの担当を引き継いだ。まず建設したのは栄誉の中庭を見下ろすサン=ルイ教会だったが、当初の計画に修正を加えるものとなった。これは兵士のための教会で、1679年から入居者にも開放された。さらに、身廊の延長部分にギリシャ十字架があしらわれた王室の礼拝堂を連結させ、この種のモニュメントとしては珍しいペアの教会にしたのである。入り口とファサード部分は別々だが、共通する主祭壇が境界となって2つの教会をつないでいる。こうして、国王と兵士たちは同じ礼拝に参列できるようになった。

2つの教会のうち王室の教会については、ジュール・アルドゥアン＝マンサールが、ドーム付きの墓所の礼拝堂を建設する別の計画から着想したものだった。この計画は、大おじで著名な建築家フランソワ・マンサールがブルボン王朝のために準備したものの、実行されないままだった。ルイ14世の要請で、いったんはサン＝ドニ大聖堂につくることが構想されたものだった。

　パリにそびえるドームは1687年から1690年にかけて建設され、イタリア風で壮大かつ荘厳。王室の教会のてっぺんが光輝き、金箔が施されていっそう際立っている。ドーム教会としてルイ14世が献堂し、落成式を執り行ったのは1706年8月だった。絶え間なく戦争があったため国の財政状況が悪く、工事が完了するのに30年かかった。

ネクロポレオン（ナポレオンの墓）

　1789年、アンヴァリッドから銃が奪われ、それがフランス革命の発端となった「バスティーユ襲撃」で使用された。ルイ14世の遺志を継ぐ形で、ナポレオン・ボナパルトは放置されていたアンヴァリッドの修復に乗り出し、それまで失われていた宗教的な役割を復活させ、軍事的栄光のためのネクロポリス（巨大墓所）とした。

　第一執政としてレジオン・ドヌール勲章を創設したナポレオンは1804年7月15日、アンヴァリッドのサン＝ルイ教会における盛大な式典で、最初の勲章の授与式を行った。名誉を傷つける革命期の痕跡は、すべて消し去られた。

　1840年、ナポレオンの遺骸がセントヘレナ島からパリに戻ってきた。これは、国民の間にナポレオンへの郷愁が高まるのを悟った国王ルイ・フィリップ1世が、これを利用して人心掌握を図ったものだった。12月15日、ナポレオンの最終的な安息地として選ばれたアンヴ

ァリッドで、国葬が執り行われた。ナポレオンの棺は20年以上にわたってドーム教会のサン・ジェローム礼拝堂に安置されていた。1861年、赤い珪岩の墓碑が、建築家ルイ・ヴィスコンティによるヴォージュ産の緑の花崗岩の台座の上に置かれた。ドームの下の地下が、最後の安置場所である。地下部分を覆う屋根はなく吹き抜けになっていて、上から墓を見下ろすことができる。

第一次世界大戦により受け入れる負傷者が増え、アンヴァリッドはフル稼働した。ドイツ占領下の1940年、アンヴァリッドはドイツ国防軍の司令部となった。パリを訪れたアドルフ・ヒトラーは、1940年6月にナポレオン1世の墓を訪れた。エグロン（鷲の子）として知られる息子ナポレオン2世は1832年にウィーンで亡くなっていたが、その遺骸が1940年12月15日、パリに戻ってきた。遺骸の帰還はヒトラーの命令によるもので、ナチスによる式典が催された。父ナポレオンの遺骸の帰還から100年後という日付は、当然ながら偶然に選ばれたわけではない。

しかし、アンヴァリッドはレジスタンスの舞台にもなった。退役軍人の担当部局に所属したジョルジュ・モランは、アンヴァリッドで提供された住居に住み続け、妻や娘とともに数年間、連合軍のパイロットをかくまった。

アンヴァリッドは正式には国立廃兵院と言われ、現在も当初からの役割を担っている。退役軍人の住居、病院、外科センター、さらには負傷した退役軍人やテロなどの犠牲になった民間人の受け入れ施設であり続けているのだ。さらに、パリ軍事総督の本部も置かれている。

フランスと言えば、威厳ある雰囲気で公式行事を執り行うお国柄である。アンヴァリッドの栄誉の中庭では、大砲や数々の巨大な立像に囲まれながら、軍事とは無縁な人物の追悼が国レベルで行われてきた。

政治家のシモーヌ・ヴェイユ、作家のジャン・ドルメッソン、歌手のシャルル・アズナヴール、俳優のジャン゠ポール・ベルモンドといった面々である。戦争にまつわるアンヴァリッドの地で、安らかに、眠れ。

文化施設

アンヴァリッドでは、充実した文化施設が一般公開されている。

1905年に設立された軍事博物館は、約50万点の膨大な収蔵品を誇る。武器、防具、軍服、紋章、勲章、書籍、原稿、写真、絵画、彫刻など、先史時代から現在に至るまでの軍事史を網羅している。

プラン・レリーフ博物館には、フランスの要塞都市・港の歴史的模型や立体模型図の貴重な所蔵品が展示されている。

1970年、解放勲章（1940年にド・ゴールが創設）にちなんだ博物館がオープンした。強制収容、国内のレジスタンス、解放の同志に焦点を絞り、1940年から1945年までの自由フランスの歴史が展開されている。

また、2008年には、マルチメディアを活用してド・ゴールの足跡をたどる「シャルル・ド・ゴール歴史館」が設けられた。軍服、書籍、さまざまな品々、勲章を通じて、自由フランスを率い、フランス大統領も務めたド・ゴールの生涯をたどることができる。

　　――我々は〔中略〕フォーブール・サン゠ジェルマンの端に、

アンシャン・レジーム

アンヴァリッドと命名したオテル・ロワイヤルの基礎を築き、それを設立し、体が不自由になった、また、これからそうなるわが軍の哀れな将校や兵士たちすべてに衣食住を提供するという任を永久に担わせるものである〔後略〕。

ルイ14世、1670年5月24日の勅令

追加インフォ

アンヌ・ドートリッシュはルイ13世の王妃となって20年以上が経過していたが、後継ぎがいなかった。1637年、もし天が自身に後継ぎを与えるなら、ベネディクト会修道院に教会堂を捧げると約束した。翌年、未来のルイ14世が誕生すると、アンヌ・ドートリッシュはノートルダム・デュ・ヴァル・ド・グラース教会の建設計画を、フランス古典主義建築の巨匠フランソワ・マンサールに託した。ルイ14世が4歳で即位し、1645年に着工させたのは象徴的だった。この教会はラテン十字をあしらった形をしていて、二重の三角形のペディメントと列柱がある。ローマのサン・ピエトロ大聖堂から着想を得たドームが上に載っている。フランス革命の下で軍事病院に変わった（2016年に閉鎖）。1850年には、軍の医療要員を養成する学校が設けられた。

| 5つの数字で語るアンヴァリッド |

- 栄誉の中庭は縦102メートル、横64メートル。
- 北側のファサードの長さは195メートル。
- ドームの高さは107メートル。
- ドームを覆うには12キロの金が必要だった。
- ナポレオンの墓は深さ6メートル、直径23メートルの地下納骨堂にある。

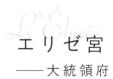

エリゼ宮
―― 大統領府

エリゼ宮の歴史は、長く穏やかな川の流れのように展開したわけではなかった。所有者が次々と変わり、役割もさまざまに変遷し、ついにはフランス大統領府になった。言わば共和制君主の「城」となったのである。

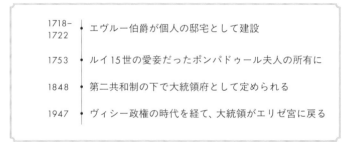

1718-1722	エヴルー伯爵が個人の邸宅として建設
1753	ルイ15世の愛妾だったポンパドゥール夫人の所有に
1848	第二共和制の下で大統領府として定められる
1947	ヴィシー政権の時代を経て、大統領がエリゼ宮に戻る

パリ8区フォーブール・サントノレ通り55番地にあるエリゼ宮は、最初はオテル・デヴルー（hôtel d'Évreux）と呼ばれていた。最初の所有者だったエヴルー伯爵ルイ・アンリ・ド・ラ・トゥール・ドーヴェルニュにちなんだ命名だった。エヴール伯爵は1718年、ウリ科の植物が栽培されるためグルド（ひょうたん）と呼ばれた田園地帯の土地を取得し、著名な建築家アルマン・クロード・モレに工事を託した。その豪華さは建物の設計に盛り込まれ、アーケード付きで4本の柱を

備えた見事な造りの正面玄関からも、入ってすぐにわかるものだった。当時の古典主義のトレンドを反映して、建物は中庭（通り側）、つまり丸い中庭、それに（フランス式）庭園との間に建っている。本館（1階、2階、屋根裏階で構成）の両側に翼部分がある。工事は1722年に完成し、伯爵は「パリ近郊で最も美しい別荘」に住んで誇らしげだった。

所有者が次々と変わる

　実に美しい邸宅だったため、伯爵が1753年に亡くなったのを機に、ルイ15世の愛妾として力を握ったポンパドゥール夫人ことジャンヌ=アントワネット・ポワソンが買い取った。ポンパドゥール夫人のセンスは歴史上有名だが、この邸宅においても、改修や装飾、洗練された品々の購入を通じて、それが生かされていた。

　1764年にポンパドゥール夫人が亡くなると、遺言により国王に遺贈された。国王は、パリを訪れる各国の大使がこの建物を利用できるよう計らい、絵画の展示会場や国王の家具置き場としても活用した。1773年に売却先になったのは宮廷銀行家のニコラ・ボージョンで、惜しむことなく装飾を充実させた。1786年にルイ16世が買い戻し、翌年には従姉のブルボン公爵夫人に売却された。革命時代に接収され、所有者の公爵夫人が独房に入れられている間、印刷所として使われた。公爵夫人が出所すると、総裁政府からきわめて劣悪な状態で返還された。一文無し状態だった伯爵夫人は改修できず、1798年にそれを購入したブノワ・ホヴィンと共同して入居する立場となった。ホヴィンが購入したのは、ショーを見たり、食事をしたり、遊びに興じたり、舞踏会や花火を楽しんだりできる一種のナイトクラブにするためだった。それに続いて、賃貸のアパルトマンに分割された。1805

年、フランスの元帥で、帝国の皇子の地位にあったジョアシャン・ミュラが建物全体を引き継ぎ、義理の兄であるナポレオン1世に譲渡した。ナポレオン1世は、ワーテルローの戦い（1815年）で敗北後、エリゼ宮の「銀の間」で2回目の退位に署名することになる。王政復古の際、ルイ18世は甥のベリー公にエリゼ宮を与えた（1816年）。1830年の7月革命後、エリゼ宮は訪仏する外国から訪れた王族や賓客のため、Airbnbなど今でいう一種の民泊施設になったのである。

国の本拠地

　エリゼ宮は1848年、ようやく共和国大統領府として憲法に定められた。ルイ＝ナポレオン・ボナパルトは第二共和制の初代大統領として、ここを大統領府とした。1852年12月2日のクーデターに成功して皇帝ナポレオン3世となるとエリゼ宮を去り、明らかに格式が上回るチュイルリー宮殿に移った。エリゼ宮は、さまざまな外国の君主たちが訪れる場所として復活することとなった。第三共和制下でエリゼ宮の位置づけは固まり、ふたたび大統領の官邸となった。パトリス・ド・マクマオンが1874年9月に大統領府をエリゼ宮に構え、1879年1月22日の法律に大統領府として正式に明記された。

　ギリシャ神話では、エリゼは「幸福者の島」としても知られている。ホメロスによれば、はるか遠く、西の、大洋の彼方にあり、神々に高く評価された英雄はそこで永遠に充実した日々を過ごすことができるという。もっとも、フランスの大統領たちが同じように過ごせたと思えるかどうかはわからない。

　　　──これは二流の宮殿だ！〔中略〕結局のところ、私が身を
　　　落ち着けるべきだったのはルーヴル宮である。〔エリゼ宮がある〕

パリ8区で歴史はつくられないからである。

シャルル・ド・ゴールが1959年、エリゼ宮に入った際の発言

腹上死

エリゼ宮で死を遂げた大統領は、フェリックス・フォールただ1人である。1895年に大統領に選出されたが、エリゼ宮で豪華なレセプションを好んで開催したことから「太陽大統領」と呼ばれ、その死が腹上死だったことで知られる。1899年2月16日、愛人で高級娼婦だったメグ・シュタインハイルがひと時の快楽のためにやってきた。58歳のフォールは自身の性的能力に不安があった。今でいうバイアグラを過剰摂取していて、その愛人の腕の中で脳卒中を発症してしまったのである。愛人は悲鳴に気づいたスタッフの手で目立たないように連れ出された。妻のベルト・フォールは夫が危篤状態であることを知らされるが、原因についてはそれ以上の詳細は告げられなかった。「とてもよい夫だったのですが」と妻は夫の終油の儀式の際に言った。

追加インフォ

大統領がバカンスを過ごす公式の保養地となっているのが、ブレガンソン城塞である。地中海性気候に恵まれたボルム＝レ＝ミモザ（ヴァール県）にある。ただし、もともと保養地として想定されていたわけではない。要塞化された中世の

邸宅はプロヴァンス伯爵のもので、海抜約30メートルの岩の頂に建てられた。王室の領土に組み込まれることになるが、フランスの海岸を防衛する軍事目的に限定されていた。しかし1924年に軍が撤退すると、現地は美しい景色を誇る場所となった。実業家に貸し出されたが、第二次世界大戦中にドイツ軍によって立ち退かされた。1963年に賃貸借契約が終了すると国が取り戻し、1968年にシャルル・ド・ゴールはここを大統領の別邸にした。

5つの数字で語るエリゼ宮

- エリゼ宮には365の部屋がある。
- 320個の時計が時を刻んでいる。
- 1.5ヘクタールの庭園がエリゼ宮に隣接している。
- 年間9万5000食の食事が提供される。
- 共和国大統領府は、エリゼ宮、マリニー館（向かい側）、アルマ宮殿（ケ・ジャック・シラク）の三つの建物にまたがる。

パンテオン
──共和国の教会

聖ジュヌヴィエーヴに捧げられた教会は歴史を経て、偉人に捧げられる世俗的な神殿に変わった。新古典主義の建築のもとで、古代の様式とゴシック様式が調和している。

パンテオン

アンシャン・レジーム

1744	●	病弱なルイ15世、自身が回復したら、聖ジュヌヴィエーヴに捧げる教会を建設すると誓う
1791	●	教会としては閉鎖され、フランスの偉人をまつる霊廟に変えられる
1822	●	サント＝ジュヌヴィエーヴ教会として献堂され、宗教施設に戻る
1885	●	国家の巨大墓所となり、無宗教の公的施設に

　サント＝ジュヌヴィエーヴの丘の頂上に中世、修道院と教会が建てられ、パリの守護聖人である聖ジュヌヴィエーヴの聖灰は聖遺物匣に保管されていた。1744年、病弱だったルイ15世は自身が回復した暁に、聖人に捧げる壮麗な教会を以前からの修道院が廃墟となった地に再建すると誓った。奇跡的に命拾いし、その約束を果たすことができた。1755年、この建設事業は、建築家ジャック＝ジェルマン・スフロに託された。独力で学び、ローマ様式のドームを特に好んだ人物である。ローマのサン・ピエトロ大聖堂から着想し、「ゴシック建築の軽やかさとギリシャ建築の壮麗さを融合させる」ことを目指した。ルイ15世は1790年に工事が完了するよりずっと前に亡くなり、革命によって教会の建物は全く異なる役割を担うことになった。

　1791年4月4日、サント＝ジュヌヴィエーヴ教会としては終止符が打たれ、国の偉人をまつるパンテオンが誕生した。ネクロポリス（巨大墓所）の外観を与えるために、ほとんどの窓は壁で覆われ、ペディメントには「偉人たちに祖国は感謝を捧げる」という象徴的な言葉が刻まれた。

　フランス革命の指導者だったミラボーは1791年4月2日に亡くなり、

1791年4月4日に最初にこの地に埋葬された。しかし、1794年9月21日、かつての仲間たちによって裏切り行為があったとみなされ、「パンテオンから追放」された最初の人物となった。ルイ16世との書簡のやり取りが発覚したためだった。

偉人たちに祖国は感謝を捧げる

1780年に亡くなったスフロは、自身がパンテオンの地下納骨堂に入るのに半世紀かかった。そこには軍人（フランソワ＝セヴラン・マルソー、ミシェル・オルデネら）、作家（ヴォルテール、ルソー、エミール・ゾラ、アンドレ・マルロー、アレクサンドル・デュマら）、科学者（マルセラン・ベルテロ、ピエール・キュリー、ルイ・ブライユら）、レジスタンス活動家（ジャン・ゼイ、ピエール・ブロソレット、ジャン・ムーランら）、政治家（サディ・カルノー、ジャン・ジョレス、レオン・ガンベッタら）が眠っている。

　こうした人物の名前を見てわかる通り、ここに眠るのはほぼ全員が男性である。それゆえ、2022年現在で埋葬されている次の6人の女性については、例外的な人選であり、ここで取り上げるのはいっそう意義深い。ソフィー・ベルテロ（子どもたちの要望で、夫のマルセランと一緒にまつられた）、マリー・キュリー、ジェルメーヌ・ティヨン、ジュヌヴィエーヴ・ド・ゴール＝アントニオーズ、シモーヌ・ヴェイユ、ジョセフィン・ベイカー。

多目的室

　パンテオンは19世紀、時の政権がカトリック教会支持か不支持かで揺れ、身廊内部でさまざまな物の出入りが相次いだ。一方、物理学者のレオン・フーコーは、長さ67メートルの振り子をドームから吊るして実験に臨んだ。鋼鉄のワイヤと重量28キロ、直径38センチの球体からなる振り子を使い、その振動から地球が毎日自転していることを証明した。

　1885年6月1日、ヴィクトル・ユゴーがまつられたことで、パンテオンは国家の世俗的な巨大墓所としての役割が改めて決定づけられた。

　共和国大統領に選出されたフランソワ・ミッテランは1981年5月21日の就任当日、群衆があふれる中、スフロ通りを歩いてパンテオンに向かった。1人でパンテオンに入り、「歓喜の歌」が流れる中、ジャン・ジョレス、ジャン・ムーラン、（奴隷制廃止運動を推進したことで知られる）ヴィクトル・シュルシェールの墓に3本の赤いバラを手向けたのは象徴的だった。フランスの歴史に刻まれる一幕だった。

　　　———パンテオンは神殿であって、教会ではない。その形は本質的に異教的で、カトリックの要求を拒むのであり、〔中略〕まさにその名前は、すべての神々の神殿を意味し、人々の間に広まっていて、キリスト教のバシリカ聖堂よりも幅広く、一般的な役割を担っている。
　　　　　　　　　　　テオフィル・ゴーティエ『パンテオン、壁画』（1848年）

追加インフォ

マドレーヌ教会は、パンテオンから着想を得て1764年に着工されたものの、未完成のままだった。革命期には、銀行、オペラ劇場、商事裁判所、図書館などに危うくなるところだった。ナポレオンはそうした計画に待ったをかけ、この教会をフランス軍の名誉を讃える栄光の神殿とすることを決めた。ルイ18世は、教会としての用途を復活させたが、1837年にまた雲行きが怪しくなった。駅への転換計画が浮上したのだ。1845年にカトリック教会として献堂されたことで、そうした紆余曲折に終止符が打たれた。それ以来、アーティストの葬儀がここで執り行われるようになった。1849年に亡くなったフレデリック・ショパンが最初だった。ジョセフィン・ベイカー、シャルル・トレネらがそのあとに続いた。2017年12月9日、ジョニー・アリディの葬儀に膨大な数のファンが集まって見送ったことが思い出される。

5つの数字で語るパンテオン

・パンテオンには81人の偉人(男75人、女6人)が眠る(2022年現在)。
・建物は長さ110メートル、幅84メートル。
・ドームの高さは83メートル。
・22個のコリント式円柱からなる柱廊が三角形のペディメントを支える。
・2019年は87万5000人が訪れた。

アンシャン・レジーム

現代

Temps Modernes

フランス革命が過ぎ去ると、指導者の自尊心を満たす教会やモニュメントの建設意欲も、影を潜めただろうと思う向きもあるだろう。ところが、19世紀にはノートルダム・ド・ラ・ガルド寺院とエトワール凱旋門が建設された。いずれにせよ現代は、その時代に築かれたモニュメントの多様性という点で際立っている。彫像に対する熱意は失われていないが、人物よりも象徴的なものの方が好まれるようになった。それは、ベルフォールのライオンからわかることだ。エッフェル塔とミヨー高架橋は技術面での挑戦で、ポンピドゥー・センターは未来産業を思わせる。オペラ・ガルニエのエリート主義文化の一方で、スタッド・ド・フランスの大衆エンターテインメントも精彩を放つ。もっとも、ここで取り上げるものは、万人の好みに沿うものがあっても、全てがそうとは限らない。批判はあるだろう。

エトワール凱旋門
―― 祖国のアーチ

12の道が放射線状に伸びる星型の広場の中心に、フランスが国をあげて勝利を誇る巨石の構造物がそびえ立つ。

エトワール凱旋門

　アウステルリッツの戦いに勝利した1805年12月2日の翌日、ナポレオン1世は兵士たちにこう約束した。「必ず凱旋門をくぐって故郷の家に戻ってもらおう」。これはローマ時代に遡る伝統で、当時、勝利した軍隊は凱旋門の下を通って町に戻っていった。凱旋門は、戦争から戻った兵士たちを清めると考えられていたのである。

　この凱旋門はもともと、取り壊されたバスティーユ監獄の跡地に建

1806–1836	エトワール凱旋門の建設
1840	ナポレオンの遺骸が凱旋門の下をくぐる
1998	サッカーのW杯でフランスが優勝したのを受け、「ありがとう、ジズー（ジダン選手）」と凱旋門に映し出される
2018	黄色いベスト運動で凱旋門に破壊行為

てられる構想だった。ところが、バスティーユは建築家ジャン＝フランソワ・シャルグランの設計には狭すぎた。古代のあらゆるアーチの倍の高さを誇る巨大な建物であることから、シャンゼリゼ通りの一番高いところにあるエトワールの丘に建てることを余儀なくされたのである。現地は広場となって空いていて、そこに象の形をした噴水を建設する計画がもともとあったが、立ち消えになってしまった。

巨大な規模の計画のため、造成工事を施し、深さ8.37メートルの基礎を築く必要があったが、1806年に始まった工事は遅々として進まなかった。ナポレオンは1810年の結婚の日、木と布で即席の実物大の模型をつくり、その下に王妃となったマリー＝ルイーズを連れて行った。その後、帝国が崩壊して王政復古となったことで、凱旋門の建設は絶望的になるところだった。ルイ18世は建設を完了するよう最終的に命じることになるが、それまでは取り壊しの可能性を排除していなかった。

1833年、七月王制時代の内務大臣アドルフ・ティエールのもとで、アーチの柱が共和国と帝国の両方を讃える浮彫で装飾されることになった。フランソワ・リュード作の著名な「ラ・マルセイエーズ（1792

年の義勇兵の出陣)」もその1つだった。

　しばしば暗殺未遂の標的になった国王ルイ＝フィリップ1世は、落成式を欠席した。式は1836年7月29日午前7時、11人が列席し、アドルフ・ティエールによって行われた。

足元にある歴史

　凱旋門は、記憶を伝えるモニュメントである。民間、軍事を問わず、国の重要な出来事の数々を、フランスの歴史の最も輝かしいページに刻んでいる。第一次世界大戦終結後の1919年7月14日、フランスは宿敵ドイツに対する勝利を祝い、フォッシュ元帥、ジョフル元帥、それに白馬にまたがったペタン元帥を喝采した。1944年8月26日、兵士や戦車が行進する中、青・白・赤の三色旗を掲げてパリの解放をたたえたのは、全国抵抗評議会のメンバーに囲まれたド・ゴール将軍だった。

　記憶の炎を再燃させる儀式を通じてこそ、凱旋門はその象徴的な存在感を示す。1921年1月28日の厳粛な式典の際、凱旋門の下にある無名戦士の墓の上で、その炎が灯されたのである。ヴェルダンの戦いが繰り広げられた地で何千もの棺の中から選ばれた無名戦士は、1914年から1918年の第一次世界大戦で亡くなったすべての身元不明のフランス兵士を象徴しているのである。1923年以来、毎日午後6時半に炎が点火され続けている。祖国と全世界に火を灯す凱旋門というモニュメントにとって、この炎が燃える様子は、なんと象徴的なシーンなのだろう。

詩人が死んだ時

1885年5月31日の国葬にあたり、ヴィクトル・ユゴーは埋葬場所となるパンテオンに向かう途中、黒い布に包まれた凱旋門の下に立ち寄った。オペラ座を手がけた建築家シャルル・ガルニエが設計した高さ22メートルの棺台が設けられた。「老人」の遺体は翌早朝までそこにとどまった。44の燭台の灯りの中、数千人のフランス人が徹夜で、ユゴーに最後の追悼の意を表した。11時半ごろ、21発の大砲が静寂を破った。ユゴーが希望していた「貧者の霊柩車」の葬列が動き出したが、花輪で飾られた山車が並び、三色旗を振る群衆が集う中、スムーズに進めないほどだった。静かに思いがめぐらされる中、ときおり、「ヴィクトル・ユゴー万歳!」という叫び声だけが響き渡った。

———おお、歴史に刻まれた広大な構築物よ!
栄光の山の上に座す石の山よ!
並外れた建物よ!

ヴィクトル・ユゴー「凱旋門にて」『内心の声』(1837年)

追加インフォ

高さ110メートルの立方体は、30万トンのコンクリート、花崗岩、ガラス、カラーラ大理石からなり、中心がくり抜かれている。パリ近郊のラ・デファンスにあるグランダルシ

エトワール凱旋門

ュ・ド・ラ・フラテルニテは、人類の凱旋門とも呼ばれ、デンマークのヨハン・オットー・フォン・スプレッケルセンによって設計された。フランス革命200周年の1989年7月14日にフランソワ・ミッテラン大統領によって落成式が催された。ミッテランによる「パリ都市計画グランドプロジェクト」の一環だったのである。ラ・デファンス凱旋門として広く知られ、エトワール凱旋門、コンコルド広場のオベリスク、カルーゼル凱旋門などを結ぶパリの歴史軸、つまり王の道の北西端に位置している。

　その柱の中には、エコロジー移行省、企業、大学の施設などがある。

5つの数字で語るエトワール凱旋門

・高さ約50メートル、縦約45メートル、横約22メートル。
・総重量は5万トン。
・建設には3万6695立方メートルの石材を要した。
・284段の螺旋階段を上るとテラスに行ける。
・2019年には161万人が訪れた。

ノートルダム・ド・ラ・ガルド寺院
―― 見守り役

マルセイユで来訪者数が最大のモニュメントである。地元では「ボンヌ・メール（良き母）」と呼ばれ、人々の見守り役である。

ノートルダム・ド・ラ・ガルド寺院

1214	●	聖母マリアに捧げる小さな教会がガルドの丘にできる
1853	●	寺院の建設が始まる
1870	●	聖母マリア像を鐘楼の上に建立
1897	●	建設が完了

　マルセイユを見下ろすガルドの丘の高台にあり、そこから見える海の景色をさえぎるものはない。それゆえ、この場所は歴史的に、船の動きに遠くから目を光らせる監視所として使われてきた。1214年、ピエールという名前の司祭の発案で、聖母マリアに捧げる小さな教会が設けられた。1477年には拡張工事が施され、小さな礼拝堂ができた。フランソワ1世が1516年に訪れた際、町が無防備であることを心配し、1524年に要塞を建設させ、その中に礼拝堂が設けられた。信者ははね橋でそこに行くことができた。この要塞はさっそく神聖ローマ皇帝カール5世の艦隊から町を守るのに使われたのである。

見守り役を貫く

　フランス革命の際、この地は監獄に変わった。1807年にもとの礼拝堂の役割を取り戻すと、殺到する巡礼者に対応するには規模が不十分だった。マルセイユ司教のモンシニョール・ド・マズノは1853年、信者たちから集まった寄付をもとに、将来の寺院の工事に着手した。工事はなかなか進まず、計画は何度も中断され、1864年に聖母マリアに献堂されたものの、建物は完成にはほど遠かった。完成には40年以上を要したのである。

　若き建築家アンリ・ジャック＝エスペランデューの設計では、ロー

マ・ビザンチン様式が取り入れられていた。ロマネスク様式のアーチ型建造物に加え、白い石灰岩のブロックとトスカーナの緑の石が交互に配置された外壁があり、内側の柱はカラーラの白い大理石とブリニョールの赤い大理石からなる。さらに、色とりどりのモザイクも施されている。多様な色彩と金箔で装飾され、きわめて東洋的である。

高さ41メートルの鐘楼には3つの鐘があり、その1つが「マリー・ジョゼフィーヌ」と呼ばれる重量8トン超の大鐘である。そのてっぺんには、銅に金箔が施された聖母マリア像が台石の上に載り、息子のキリストを抱いている。良き守護者として、町と港を祝福している。

ケーブルカーはお役御免

ノートルダム・ド・ラ・ガルド寺院と同じくらい有名なのは、かつて現地を訪れるのに使われたケーブルカーである。1967年まで運行が続いたので、古株の人たちは覚えている。丘にある寺院に行くのは簡単ではなかったが、技術者のエミール・マランは、84メートルの斜面を2分で登ることができるケーブルカーを考案した。電気を使わず、液圧システムを活用したものだった。少々騒音がしたので、「マラン（悪魔）の機械」というあだ名がついた。運行開始は1892年。75年間にわたって着実に運行を続け、2000万人の信者がこれに乗って丘にのぼった。これといった問題も起きなかったのだが、町で愛され続けたケーブルカーもその役割を終えた。自動車に取って代わられたのである。

———ふたたびアテネを見ることがあれば、私の船が
聖なる見守りのもと
海の道を導かれますように。
波と太陽を超えて輝き、
青い時間の奥に立つ巨大な聖母マリア像のもとで〔後略〕

ヴァレリー・ラルボー『マルセイユ』(1931年)

追加インフォ

ラ・マジョールとして知られるサント゠マリー゠マジュール大聖堂は、ラ・ジョリエット停泊区とパニエ地区の間にあり、マルセイユ旧港に面している。マルセイユに大聖堂を建設してほしいというモンシニョール・ド・マズノの願いに応えたものである。ルイ゠ナポレオン・ボナパルトが1852年に工事を始めた。建築家エスペランデューが改めて3000人の信者を収容できる大聖堂の建設を担い、中世以来のフランスで有数の規模をめざした。1893年に完成した建物はロマネスク・ビザンチン様式で、ファサードで白と緑の石が組み合わさり、内部では中世、ルネサンス、東洋の芸術が融合し、大理石、斑岩、モザイクが用いられている。

| 5つの数字で語るノートルダム・ド・ラ・ガルド寺院 |

・丘の高さは161メートル。
・鐘楼の高さは41メートル。

・聖母マリア像の高さは11.2メートル。
・聖母マリア像の重量は9796キロ（内部構造を含めて16トン）。
・毎年200万人が訪れる。

オペラ・ガルニエ（オペラ座）
──アヒルのようなオペラ座

ガルニエ宮（オペラ・ガルニエ）は皇帝の権力を建築で表現したもので、オスマン様式のパリの豊かさを象徴していた。その素晴らしさは少しも失われていない。

オペラ・ガルニエ（オペラ座）

1858年1月14日、ル・ペルティエ通りに当時あったオペラ座サル・ル・ペルティエの前でナポレオン3世の馬車が狙われた。王は無事だったが、この襲撃で8人が死亡、148人が負傷した。ナポレオン3世は

1862	建設開始
1871	パリ・コミューンの際、ヴェルサイユ政府軍によって暴徒が処刑される
1875	マクマオン大統領による落成式
1964	マルク・シャガールによる天井画

即座に、チュイルリー宮殿の邸宅から安全に直接行くことのできる別のオペラ座の建設を決定した。

1861年、選考委員会は35歳の無名の建築家シャルル・ガルニエの案を満場一致で選んだ。まだ健在だった巨匠ヴィオレ・ル・デュクを含む171人のライバルを退けての起用だった。

皇后ウジェニーはガルニエ案にほとんど魅力を感じず(ヴィオレ・ル・デュクが皇后のお気に入りだったからだろう)、「ひどいアヒル」にしか見えなかった。皇后はシャルル・ガルニエにこう言った。「この様式は何というのでしょうか？〔中略〕ギリシャ様式でも、ルイ16世様式でもなく、ルイ15世様式ですらない」。それに対してガルニエはこう反論した。「いいえ、そうした様式は時代遅れです……。私の案はナポレオン3世様式です！ なのに皇后は不平を言われているのです！」

工事は始まり、それから15年にわたり、予期せぬ出来事が相次ぐことになる。地面を掘ったとたんに地下水があふれだした。だが、水をくみ上げるためのポンプはうまく作動せず、解決策はただ1つ、水を通さないコンクリートタンクを建設することであった。この一件は解決したが、歴史上の大事件が勃発し、工事は止まってしまった。1870年の普仏戦争である。短期間ではあったがこれで財政を圧迫し、

オペラ・ガルニエ

フランス帝国の崩壊につながった。パリ包囲戦の際、未完成だったオペラ座は、約4500トンの食料を保管するのに使用された。

シャルル、急げ！

1873年10月28日から29日にかけての夜のことだった。まだオペラ座として使われていたサル・ル・ペルティエが火災で焼失し、状況が一変した。国は財政難にあえいでいたが、シャルル・ガルニエにオペラ座の完成を急がせる必要が生じたのである。しかし、ナポレオン3世は1873年1月9日に亡くなり、完成を目にすることはできなかった。1875年1月5日にようやく落成式が盛大に執り行われた。2000人の参列者の中心にマクマオン大統領の姿もあり、海外から要人も招待された。シャルル・ガルニエは名前が招待者リストから「漏れて」いたため、自腹で120フラン出して桟敷席を買った（その額は返金されることになる）。

竪琴を掲げる音楽の神アポロンをいただく建物はややバロック様式の趣があり、外も中もその大きさと豪華な装飾が壮観である。材料の豊富さ、ふんだんな金箔、膨大な種類の石、さらには大理石が施されていることからもうかがえる。赤と金で彩られた観客席は2000人余しか収容できないが、目の前に高さ60メートル、奥行き27メートル、幅48.5メートルの大舞台が広がる。1964年、古い天井は200平方メートルのきらびやかなフレスコ画で覆われた。オペラや音楽家が描かれていて、マルク・シャガールの署名が入っている

  ———国立オペラ劇場については、少なくともその評判くらいは、だれもが知っている。〔中略〕良く知らないままその前を通る人たちにとっては、いつも鉄道駅のように見えている。い

ったん中に入ると、そこはトルコ式風呂だと見間違えるほどである。

クロード・ドビュッシー「ラ・ルヴュ・ブランシュ」誌に
掲載された記事（1901年）

新しく誕生したオペラ・バスティーユ（1989年）と区別するのに、パリのこのオペラ座はオペラ・ガルニエと名付けられた。建築を手がけたガルニエの名誉挽回となる素晴らしいはからいであった。

オペラ座の怪人

ガストン・ルルーは1910年の自身の小説で、幽霊のエリックがオペラ座に住み着き、専用の桟敷席を持っていると設定している。この物語は、サル・ル・ペルティエの火災で容貌を傷つけられたピアニスト、エルネストの伝説から着想したものだ。エルネストは恥ずかしさから、新しいオペラ座の地下に身を隠していた。実際に起きた悲劇的なストーリーがいくつか描かれ、大階段の13段目で「見習いダンサー」が転落して死亡した事件もその1つだ。最も衝撃的だったのは1896年5月20日の事故で、シャンデリアを支えていた700キロの釣り合い重りの1つが観客のいるところに落ちた。女性の観客1人が即死し、多数の負傷者が出た。ルルーは小説の中で、7トンの青銅とクリスタルのシャンデリアが、まるごとオーケストラ席の上に落ちる場面を描いている。

追加インフォ

フィラルモニ・ド・パリは、パリ19区のラ・ヴィレット公園にある前衛的な建物で、設計はジャン・ヌーヴェルとブリジット・メトラによるものである。貴重な楽器のコレクションが展示されている音楽博物館（1997年）を含む「シテ・ド・ラ・ミュジック」（1995年）の一部をなしており、着席で2400人、立席で3650人の観客を収容できる大ホール「ピエール・ブーレーズ」がある。環状道路が下を走っており、音響については入念な注意が払われている。シャルル・ガルニエとは異なり、ジャン・ヌーヴェルは開場セレモニー（2015年）に招待されたが欠席した。オープンが時期尚早と判断しており、自身に向けられてきた批判について怒りをあらわにしたのである。

5つの数字で語るオペラ・ガルニエ

・総工費は3600万金フランと推定されている。
・76人の彫刻家と14人の画家が装飾を担当した。
・大階段の高さは30メートル。
・ファサードは幅125メートルに及ぶ。
・2019年の来場者数は85万5000人に達した。

ベルフォールのライオン
——フランス最後の王

フランス最大の石像は、有名人でも君主でもなく、百獣の王を描いたものである。ベルフォールが「ライオンの町」と呼ばれるゆえんだ。

ベルフォールのライオン

　1871年、普仏戦争終結の際、ベルフォール市議会は103日間続いたベルフォール包囲戦の犠牲者を追悼する記念碑の建立を計画した。ダンフェール=ロシュロー大佐が率い、1870年11月3日から1871年2

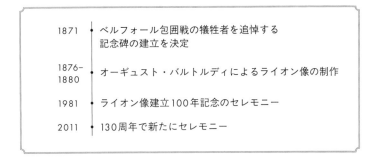

月13日まで続いた抵抗運動に敬意を表すためだった。続いて行われたコンペは当てが外れ、市長のエドゥアール・メニーは翌年、彫刻家のオーギュスト・バルトルディと直接接触することにした。ところが、記念碑のことはどこかに行ってしまい、バルトルディは「苦しめられ、追い詰められ、なおも激しく怒る危険なライオン」を提案し、その狙いは「勝利でも敗北でも」なくて「輝かしい闘争であり、その伝統を伝え、不朽のものにする必要がある」というものだった。バルトルディは、提案を何度か出し直したが、そのたびにライオンは大きくなっていき、高さ11メートル、長さ22メートルの高浮き彫りで、巨大で、スフィンクスなど古代エジプトの彫刻をイメージさせるものになった。予算が不十分だとわかり、寄付が募られた。国民から寄付が首尾よく集まり、目標のほぼ倍に達したのである。

ベルフォール領土

1871年5月10日に調印されたフランクフルト講和条約で、フランスはロレーヌとアルザスの一部を失ったが、ベルフォール地区は例外だった。ベルフォールの町は包囲されたが抵

抗を続け、休戦協定が結ばれてようやく、フランス政府の命令で降伏した。雄々しく抵抗し、優れた交渉力や巧妙な駆け引きもまじえ、ベルフォールは条約で、特例措置を勝ち取った。第一次世界大戦が終わってオー＝ラン県がフランスに返還された際、ベルフォールは県に再統合されないまま独立した形で残ったのである。さまざまな議論が行政も巻き込みながら続き、それはきわめてフランスらしかった。1922年3月の政令で運命が決定づけられた。ベルフォール領土は、フランス本土の90番目の独立した県となったのである。

石の玉座

　建設は1876年の春に始まった。ライオンは崖のふもと（軍事建築家ヴォーバンが築いた城砦の下）に背を向けることになるため、バルトルディは色あいの調和に腐心し、ヴォージュ山脈の赤い砂岩を選んだ。採掘、運搬、石の切断は困難の連続だった。すべてが手作業で、ハンマーとノミという当時の道具を使っていたのである。足場の上で、クレーンを使って石のブロックを1つ1つ組み立てて設置していくのは、簡単なことではなかった。

　横たわるライオンは当初、最後の勇敢な行動として、東方の敵国ドイツと向き合うはずだったのが、最終的に西の方を向くこととなった。これは、背を向けて尻を見せることになり、ドイツを見下す狙いがあった。しかし、ライオンが右足に持つ矢は確かにドイツの方を向いている。これは逃げることなく「守り抜く気力をたたえる」ことを意味している。

　1879年9月に工事が終了し、数か月後に作品として完成したが、世

間の関心はほとんど集めなかった。正式に除幕式が設けられることもなかった。バルトルディは悔しがり、1人きりでライオンと向き合い、ごく少数の住人の前で、セレモニーを催す結果となった。1880年8月28日、バルトルディは自腹でライオンをライトアップし、ベンガル花火を点火した。この夜、ライオンは死んでいなかったのである〔Le lion est mort ce soir（ライオンは今夜死んだ）という歌のタイトルがある〕。

———〔前略〕偉大なライオンよ、
怒りと反逆の象徴、
将来を悲観しなくてもよいと信じさせてくれ。

待て。皆と同じように、忍耐強く、黙ってほしい。
しかし、もし私たちの中にある聖なる憎しみが薄れたなら、
フランスにその務めを思い出させるため、吠えろ！
フランソワ・コペ「ベルフォールのライオンに」
『ル・カイエ・ルージュ』（1892年）

追加インフォ

シーニュ島（セーヌ川の人工島）の先端に、トーガをまとって王冠を着けた女性、すなわち自由の女神像が立つ。オーギュスト・バルトルディ作である。西方の米国を向いているが、建立当初から1937年に向きを変えるまでは、東方のエリゼ宮の方を向いていた。フランス革命100周年を記念して、パリ万国博覧会（1889年）に合わせて米国からフランスに贈られたもので、米国建国100周年を記念してフランスが米国

に贈った女神像のレプリカ（4分の1の大きさ）である。その左手には、独立した年月日である1776年7月4日がローマ数字で記された銘板を持っている。右手には世界を照らす自由のたいまつを掲げている。

5つの数字で語るベルフォールのライオン

・ベルフォール包囲戦の5000人の犠牲者を追悼するものである。
・当初、高さは4メートルが予定されていたとされる。
・2体の兄弟像がある。パリではバルトルディ作（1880年）、モントリオールではカナダのG・W・ヒル作（1897年）。
・年間22万人近くが訪れる。
・ライオンのテラス部分の入場料は1ユーロ。

エッフェル塔
―― 魔法のタワー

エッフェル塔は建設当時、世界で一番の高さを誇る未来志向の建物だった。1889年のパリ万国博覧会の呼び物となり、その後はフランスの永遠のシンボルとなった。

エッフェル塔

1886年、フランス革命100周年を記念する1889年のパリ万国博覧会の準備が急ピッチで進められていた。フランスは普仏戦争（1870〜1871年）に敗れたが、博覧会はその後成立させた共和制のもとでの国力、技術力、産業力を世界に誇示する機会となった。さらに、フランス社会が進歩を遂げるのと同時進行した科学のイノベーションをPRする場でもあった。「シャン・ド・マルスに、一辺が125メートル、

高さ300メートルの正方形の土台を持つ鉄の塔を建てる可能性を探る」ため、コンペが実施された。技術者ならだれもが、夢を描く絶好の機会だっただろう。その1人、ギュスターヴ・エッフェルの案が、他の107件を退けて選ばれた。実のところ、エッフェルの名前でコンペに参加できたのは、鉄骨と金属構造物の建設を専門とする社内に、2人のエンジニア（モーリス・ケクランとエミール・ヌーギエ）と建築家（ステファン・ソーヴェストル）がいて、懸命に取り組んだおかげだった。

ギュスターヴ・エッフェルはすでに、世界中で数々の鉄道用・道路用の橋、歩道橋を建設した実績があった。フランス国内のガラビ高架橋やオーギュスト・バルトルディ設計の自由の女神の骨組みは代表作だった。

1887年1月8日、「高さ300メートルの塔の建設と運営に関する国、パリ市、エッフェル氏の間」の協定書が締結された。このニュースが知れわたるとすぐ、塔の建設計画に対する抗議運動が起きた。2月14日のル・タン紙は、博覧会の工事を取り仕切ったジャン＝シャルル・アドルフ・アルファンに宛てた「エッフェル氏の塔に対する抗議」を掲載した。

「私たち作家、画家、彫刻家、建築家は、無用にして醜悪なるエッフェル塔の建設に抗議する。野蛮な塊で、ノートルダム大聖堂やサント＝シャペルやサン＝ジャックの塔やルーヴル宮やアンヴァリッドのドームや凱旋門といった建築を押しつぶしてしまうのである」。署名した者の中には、建築家のシャルル・ガルニエ、作家のギ・ド・モーパッサン、詩人のルコント・ド・リール、劇作家のアレクサンドル・デュマ・フィスらがいた。

あっという間に

　建設は協定書に署名してから3週間後に始まった。まずは基礎工事が施され、コンクリート床の上に4本の巨大な柱が固定された。まるで巨大なメカノ社の金属玩具のごとく、巨大な塔の組み立て作業の始まりである。部品はパリ北西のルヴァロワ・ペレにあるエッフェルの工場で、リベットで事前に組み立てられたあと、馬が引く荷車で現場に届けられた。鉄の梁と板はロレーヌのポンペイの鉄工所で製造された。鋳造の際にパドル法と呼ばれる特別な処理を施すことで、余分な炭素を除去して純度と強度を高めたのである。

　2階部分の建設は1887年7月に始まり、木製の足場が設けられ、蒸気クレーンが導入された。現場の約250人の作業員が行った作業の規模を考慮すると、記録的な速さで進んだ。しかし、1888年9月に3階に取り掛かろうとした際、高所で作業にあたる「空の大工」たちはストライキを始めた。考えても見てほしい。部品は重く、天候に関係なく行われる危険を伴う超人的な仕事である。騒音や火花の中、粉塵を吸い込みながらの作業は、ロープも安全ベルトも、何の保護もなかったのである。

　工事の遅れはわずかでも許されなかった。エッフェルは昇給を認め、予定の工期で完了すべく作業は再開された。

　1889年3月31日、エッフェルは塔の頂上まで階段を上った。この当時は1710段であった。21発の祝砲を受けながら、エッフェルはフランスの三色旗を掲げた。「フランスは国旗が300メートルのポールに掲げられる唯一の国となるだろう」と少し前に語っていたが、その言葉通りになった。5月15日、今度は一般の人たちが上るときが来た。最初は徒歩で、5月26日からはエレベーターに切り替わった。最初の週、来場者数は3万人に近づいた。10月31日の万博最終日の段階

エッフェル塔

で、来場者の合計が200万人近くに達した。

ハイテク

　話は次の段階に移る。翌年の1月1日からカウントダウンが始まった。協定では、ギュスターヴ・エッフェルがエッフェル塔の商業利用を認められるのは20年のみで、その期間が終了するとパリ市が所有することになっていた。パリ市はそれ以降、エッフェル塔をどう扱うかを自由に決めることができ、解体も可能だった。

　未来志向のエッフェルはすぐに、エッフェル塔に別の役割を担わせることを思いついた。科学実験が重ねられ、技術も進歩したことで、エッフェル塔は末永く使われることが約束されていたのである。まずはエッフェル塔の頂上に気象観測施設が設けられた。この分野がまだ初期段階の頃で、空気力学の実験が行われた。そのあと、1898年にエッフェル塔と4キロ離れたパンテオンの間で最初の無線通信が行われた。軍はまだ伝書鳩を使用していた頃である。軍がその無線アンテナを活用したところ、第一次世界大戦中、実際に狙い通りの戦略上の成果があがった。前線との通信が開通し、とくにマタ・ハリがスパイ容疑で逮捕されるに至るメッセージなど敵国ドイツの交信の傍受は、1918年に勝利を収めるのに貢献した。エッフェル塔の解体をめぐる論議は、商業利用が1910年に70年間延長されたことで、今では遠い過去の記憶でしかない。ラジオ番組の放送は活況を呈し、2つの大戦間にはテレビアンテナが設けられた。将来性のあるテレビによって、新しい時代が切り開かれたのである。

詐欺

1925年のことだ。オーストリア＝ハンガリー帝国出身の詐欺師で売春仲介にも携わったヴィクター・ルスティヒは、ある新聞記事に目がとまった。パリ万博の多くの建物が取り壊しの対象になっていたが、エッフェル塔も同じ運命となる可能性を指摘する内容だった。絶好のチャンスだった。第一次世界大戦により、鉄の価格が高騰していた。7000トンの鉄はなかなかの量である。ルスティヒ氏は政府高官を装い、地域の最大手のスクラップ業者5社に手紙を書いた。アンドレ・ポワソンという男がこの罠にはまった。ポワソンは、金額が空欄の小切手と、ルスティヒあての手数料を記したもう1枚に署名した。その後、ポワソンが偽物とは知らないまま権利証書を持って塔に現れると、びっくり仰天した。ルスティヒはすでに大金を手にウィーンに逃げていた。このスクラップ業者はこんな手口でだまされたことを恥じて、告訴さえしなかった。

新しいアンテナが設置されるたびにエッフェル塔は高くなり、いっそう多くの国民にラジオやテレビの番組を届ける役割を果たした。2022年3月15日にはさらに6メートル高くなり、330メートルの記録を達成した。DAB＋方式の地上デジタルラジオ放送専用のアンテナを設置したためだった。

「鉄の女」と言われたエッフェル塔はラジオやテレビなどに関する役割のみならず、重要なイベントの際に重要な役割を果たしている。

塗装の色は平均して7年ごとに手が加えられ、時間の経過とともに何度も変わった。赤から茶色、黄土色から黄色やオレンジ色のグラデーション、黄褐色から赤褐色へといった具合に回りまわった末、「エッフェル塔ブラウン」に落ち着いたのである。とりわけ記憶に残るのは、エッフェル塔が記念日、出来事、フェスティバルを祝うのにさまざまな色に彩られてきたことだ。テロなどの悲劇が起きた場合には、逆にライトアップが消えることもあった。

エッフェル塔は歴史と現代性、芸術とテクノロジーが融合したフランスの象徴で、「フランスのタワー」という異名もふさわしい。

自殺者

エッフェル塔は危険な高所の建設現場では死者は出なかったが、1898年7月15日、最初の死者が出た。この高さから飛び降りて自殺し損ねることはないはずだが、最初の自殺者は首吊りを選んだ。23歳のルネ・シポンは高所恐怖症だったのだろうか。夜、地上20メートルの北側の柱の梁で首を吊ったのである。ポケットの中に、遺書があった。自分の服をエッフェル氏に、遺体を医学部に、そして頭部を自身の元連隊の軍医に遺贈してほしいという内容だった。初の飛び降り自殺は1902年、女性によるものだった。ここは自殺志願者がしばしば選択する場所の1つで（数百人に及ぶ）、警備員が配置され、ガードレール、柵、安全ネット、有刺鉄線、監視カメラなども設けられた。それでも、自殺を遂げる人がまだいるのである。

無謀な男

　1919年8月7日、戦闘機のパイロットが凱旋門の下を通過するという快挙を成し遂げた。1926年2月24日には、報道によれば米国人と賭けをしたのを受け、若い予備役中尉レオン・コローがエッフェル塔の脚の間を飛行機で通過しようと試みた。ブレゲ19の機首を起こす際に太陽に目がくらみ、西側と北側の柱の間に塔の頂上から無線通信ケーブルが伸びているのが見えず、左翼がアンテナに触れたのだろう。数秒後、木に衝突したあと、シャン＝ド＝マルスの芝生に墜落し、飛行機は炎上した。レオン・コローは燃え盛る機体から脱出できず、焼死した。この偉業の撮影を依頼されていたカメラマンがその一部始終を撮影していた。

　　　———視線、オブジェ、シンボルであるエッフェル塔には、人間がそこに注ぐすべてがあり、そのすべては無限である。見られるのと同時に見られ、無駄でありながらかけがえのない建物、〔中略〕世紀の証人であり、常に新しいモニュメントで、比類のないオブジェであり、常に複製されている〔後略〕
　　　　　　　　　　　　ロラン・バルト『エッフェル塔』（1964年）

追加インフォ

製鉄と冶金の分野で産業革命の最前線だった工業都市のル・クルーゾ（ソーヌ＝エ＝ロワール県）の南入り口に、蒸気ハンマーがある。高さは21メートル、総重量は1300トンに達する。シュナイダー社の機械製造工場の技術者で所長だったフランソワ・ブルドンは、大西洋を横断する船を建造するた

めに1876年に蒸気ハンマーを考案した。驚異的な正確さを誇り、世界最強の500トンの打撃力を備えた蒸気ハンマーは、作業場所である大規模な鉄工所から10キロ離れた場所でも音が聞こえた。1931年に役割を終えて解体されたが、1969年に市に寄贈され、1945年5月8日広場に設置されて市のシンボルになった。

5つの数字で語るエッフェル塔

・建設には2年2カ月と5日かかった。
・250万本のリベットが使われている。
・夏は暑さによって、10〜15センチほど高さが増す。
・60トンもの塗料が手作業で施されている。
・年間700万人近くの人が上る。

ポンピドゥー・センター
―― 古典派 0 − 1 現代派

　ルーヴル美術館とオルセー美術館に次いで、パリで3番目に来館者数の多い美術館である。しかし、現代美術・文化に批判的な人たちにとっては軽蔑の対象である。長きにわたるせめぎ合いの末、ボーブールと呼ばれる地区がマレ地区に隣接して誕生したのを契機に、古典派が現代派に屈したのである。

1970	建築の国際コンペ実施
1971	若手で無名の3人の建築家を選出
1972	5月に建設開始
1977	ヴァレリー・ジスカール・デスタン大統領による落成式
1985	展示スペースを拡大
2000	2年の大工事を経て再オープン
2009-2010	ピエール・スーラージュの作品展示に50万人が来場
2019	ポンピドゥー・センター上海(中国)の落成式

首都パリ中心部に、プラトー・ボーブールという一角があった。もともとレ・アル（中央市場）とマレ地区の間にあった広大な空き地だったが、1930年代に不衛生だったこの区画が更地にされて以来、駐車場となった。国がパリ市から購入したこの土地で、20世紀の最も型破りな建築が誕生することになる。

　1969年6月に大統領に選出されてまもなく、まぎれもない近現代美術の愛好家だったジョルジュ・ポンピドゥーは、パリにその名にふさわしい文化センターを設けたいと考えた。技術者であり起業家でもあるジャン・プルーヴェにこの計画の担当を命じた。国際コンペが1970年に実施され、フランス国内外から600を超える応募が審査委員会のもとに寄せられた。審査委員会は1971年7月、30代の若い建築家3人、すなわちイタリア人2人と英国人1人を選出した。レンゾ・ピアノ、ジャンフランコ・フランキーニ、リチャード・ロジャースである。美的な魅力にあふれ、独創的で野心的な建物は並外れていた。しかし、高さ42メートルの「巨大な建物をメカノ社の玩具のように組み立てる計画」は大胆で、とくにこの古い地区では賛同を得るのは難しかった。金属やガラスだけでできていて、光が通り抜ける革新的なデザインである。地上階の上に5層のフロアが積み重ねられ、表面積は7500平方メートルで、天井高は7メートルある。壁や建物内部の構造物がまったくなく、必要に応じて取り外し可能な仕切りが設けられるようになっている。これにはもっともな理由がある。廊下はなく、技術系統の配管、さらには階段も屋外に出してしまったからなのである。レンゾ・ピアノの言葉を借りれば、「内部を表に出して、仕組みを見せる」という決断だった。ファサードの明るい色の巨大なチューブに守られながら、それが街の景観の一部となっている。

　当初、エッフェル塔の明るいさび茶色を使用する予定だったが、模

型上の出来ばえは余りかんばしくなかった。そこで方向転換がなされた。業界で主流になっていた基準に沿って、強い原色が採用されたのである。青は冷暖房や空気循環の設備、黄は電気系統、緑は水の配管、赤は移動手段や連絡（貨物用エレベーター、エレベーター、階段など）といった具合で、有名なエスカレーター「キャタピラー」もある。これは、ファサードに沿ってほぼ垂直に走る通りのようなものだった。高みまで上っていくと、パリ有数の絶景に感嘆することになるのである。

ポンピドゥー・センターが街にしっかり溶け込み、周囲に違和感を与えないように、利用可能なスペースの半分だけが建物に、残りは広場に割り当てられた。広場は緩やかなスロープになっていて、来館者は自然とセンター入り口に導かれる。ここもまた、歩き回ったり、娯楽を楽しめたりする場所で、この広場の着想につながったイタリアの広場のようである。通行人、ストリートアーティスト、火を操る曲芸師、パントマイム俳優、ミュージシャン、生きた彫像などが歩道でひしめきあうのである。

ニックネームの数々

発足当時は「国立芸術文化センター」と呼ばれていた。1977年、建設を決定したポンピドゥー大統領が亡くなったあとに落成式が催された際には、ジョルジュ・ポンピドゥー国立芸術文化センターと名前が変わった。ポンピドゥー・センター、ボーブール・センター、さらには略してポンピドゥーまたはボーブールと言われる。ポンピドリウムと、くだけて言う場合もある。

一方、この建築に激怒して批判した人たちもニックネームをつけたが、軒並み軽蔑するものばかりだった。配管のノートルダム、パイプのノートルダム、文化的な製油所、ガス工場、文化のがらくた置場、芸術の倉庫、アヴァンギャルドな「いぼ」といった具合である。

　———セーヌ川の汚泥を回収してガソリンを作るための製油所なのだろうか？〔中略〕ビートサイロや蒸留所のある製糖工場、油送船のような形をしたもの、パリの排気ガスを吸い取る掃除機、雨水で動く発電所なのだろうか……

ルネ・バルジャベル「ジュルナル・デュ・ディマンシュ」紙に掲載された記事（1977年）からの抜粋

一般教養

　1977年1月31日、ヴァレリー・ジスカール・デスタン大統領が落成式を執り行った。

　前任のポンピドゥー大統領は1974年に亡くなり、自身が手がけた建物が完成するのを見ることができなかった。さらに悪いことに、ジスカール・デスタンは当選するとすぐに、この事業の成功を阻止しようとあらゆる手を尽くしたため、危うく当初の形での実現が見送られるところだった。工事はすでにかなり進んでいて、事業を中止するわけにはいかなかったが、現代芸術への理解が乏しかったジスカール・デスタンは、事業をことごとく、徹底的に見直したいと考えた。ジスカール・デスタンは最終的に、事業支持で毅然とした態度だったジャック・シラク首相の前に屈することになる。シラクはこの問題で辞任

をちらつかせていたのだろう。

　センターの中では、ポンピドゥーが描いたビジョンの全体像が示されている。「私はパリに、文化センターを設立することを心から望んでいて〔中略〕、それは造形芸術が音楽、映画、書籍、視聴覚研究などと共存するミュージアム博物館兼創造センターなのである。すでにルーヴル美術館があるのだから、このミュージアムは現代美術でなければならない。創造は〔中略〕常に進化する。この図書館には何千人もの人が読書を目的に集まり、同時に芸術に触れることになるだろう」

　センター内にある国立近代美術館の常設コレクションに加えて、特別展が開催されるスペースも設けられている。ここで1977年、最初に作品が展示されたのは現代美術の先駆者の1人であるマルセル・デュシャンで、その後のモデルとなった。映画館、ショーや講演会のためのホールも設けられた。ピエール・ブーレーズが設立した音響音楽研究所（IRCAM）は、音楽を創造し、科学研究を進めるのに貢献している。国立近代美術館の資料・研究センターであるカンディンスキー図書館に加えて、図書閲覧のための大規模な図書館である公共情報図書館（BPI）も併設されている。そのコレクションは膨大で、39万416冊の書籍、413枚のレコードを含む2万4786点の音声資料、さらに1733タイトルの定期刊行物や雑誌の実物とデータベースもある（2019年の数字）。図書閲覧は図書館内だけで、貸し出しはしていない。コレクションは自由に閲覧できるが、BPIには蔵書の保管場所がない。それゆえ、蔵書を処分するシステムをフランスで導入したのが、このBPIなのである。毎年、受け取った資料と同数が処分される。生活空間として設計されていて、ショップやレストランも併設している。

　パリ以外でも、ポンピドゥーのビジョンを実現することは意義深い。

フランスはパリだけではない。現代美術に強く関心を寄せる地方都市が役割を果たしたいと考えるようになり、ポンピドゥー・センターはメス市と協力してモーゼル県に分館を設立することを決めた。2010年5月に開館したポンピドゥー・センター・メスは、国立近代美術館のコレクションの作品を使った特別展を開催し、ポンピドゥーの理念に完全に沿う形で、パリ以外にその存在感が広がるのを後押ししている。

ストラヴィンスキーの泉

ニュー・リアリズム運動に属する造形芸術家のカップル、ジャン・ティンゲリーとニキ・ド・サンファルによる共同作品であるストラヴィンスキーの泉、すなわち「自動人形の噴水」（1983年）は、ロシアの作曲家イーゴリ・ストラヴィンスキーに敬意を表するものだ。

広場のすぐ近く、音響音楽研究所の地下施設の上の空間には、夜にライトアップされる水面に16体の異なる動く彫刻が展示されており、その中にはこのカップルのアーティストが共同で制作した3体が含まれている。キツネ、ト音記号、ハート、火の鳥、ピエロの帽子、人魚、ヘビ、ナイチンゲール、ゾウなどが絶え間なく水上バレエを繰り広げる。それは水の戯れのリズムに乗っていて、音が響き渡る。ジャン・ティンゲリーが手がけた作品は黒色で、ニキ・ド・サンファルが選んだ鮮やかにきらめく色と対照的である。

追加インフォ

パリのセーヌ川のほとりに「自分」の名を冠した美術館を建てた大統領がもう1人いる。原始芸術に情熱を燃やしたジャック・シラクである。「人々の間にヒエラルキーがないのと同様、芸術と文化にもヒエラルキーはない」と、シラクは2006年、アフリカ、アジア、オセアニア、アメリカ大陸芸術文明美術館の落成式で宣言した。2016年にケ・ブランリ＝ジャック・シラク美術館と改名された。

ジャン・ヌーヴェルは、ガラス、木材、コンクリートからなる4つの建物の設計を担当し、2ヘクタール近くある緑豊かな庭園の真ん中に配置された。本館は柱で支えられた構造で、茶色、赤、ベージュ、オレンジなどのコンクリートの立方体が26個並んでいる。この場所の象徴となっているのが、730平方メートルの緑の壁、それに世界中から寄せられた376種、1万5000本の植物である。植物は遠く離れた大陸を象徴している。

5つの数字で語るポンピドゥー・センター

- 50カ国から681人が建築コンペに参加した。
- 落成式への招待状は闇市場で250フランで売られた。
- この事業は総額9億フランを要した。
- 年間300万人以上の来場者がある。
- 12万点の作品を所蔵している。

スタッド・ド・フランス
―― 政争の舞台

スタッド・ド・フランスの建設にあたっては、沈滞化した地域に活気を取り戻すのを後押ししようという使命が高らかに掲げられていた。サッカーのワールドカップがフランスで開催されたのはこの場所であり、だからこそ「スポーツの殿堂」と呼ばれるようになったのである。

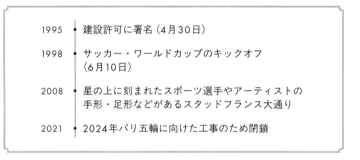

1995	建設許可に署名（4月30日）
1998	サッカー・ワールドカップのキックオフ（6月10日）
2008	星の上に刻まれたスポーツ選手やアーティストの手形・足形などがあるスタッドフランス大通り
2021	2024年パリ五輪に向けた工事のため閉鎖

　大規模な多目的スタジアム建設は、1998年のサッカー・ワールドカップの開催がそもそもの目的だったが、失業や産業空洞化にあえぎ、貧困層が集中するセーヌ＝サン＝ドニ県の活性化を図るという点が、この事業の不可欠な要素になった。
　スタジアムは楕円形である。スタンドは太陽光線を遮る同じ形の円盤に覆われ、その円盤は芝生から42メートル上の地点に立つ18本の

鋼鉄の柱の上にある。クロード・コスタンティーニ、ミシェル・マカリー、ミシェル・レゲンバル、アイメリック・ズブレナの手によって、ニューヨークのジョン・F・ケネディ国際空港のパンアメリカン航空のターミナル「ワールド・ポート」から着想されたものだった。

難しい場所の選択

1989年、フランスは1998年サッカー・ワールドカップの開催に名乗りを上げた。しかし、既存のパルク・デ・プランスでは大会の規模ではふさわしくないことから、ジャック・シラク首相（当時）がイル・ド・フランス地方に大規模なスタジアムを建設する計画を打ち出した。マルヌ＝ラ＝ヴァレ、ムラン・セナール、サン゠ドニ、トランブレ＝アン＝フランス、ヴァンセンヌの5都市が候補になった。1991年に当時の首相ミシェル・ロカールはムラン・セナールを選択した。このときにはパリ市長だったシラクにとって、自身の市から遠く離れた土地に財政支出するのは論外だった。1992年7月2日、FIFA（国際サッカー連盟）はフランスを開催地に選んだ。スタジアムの建設地に決まったのはセーヌ＝サン＝ドニ県だった。RER（イル＝ド＝フランス地域圏急行鉄道網）が2路線、メトロが1路線、高速道路A1号線が通り、ル・ブルジェ空港とシャルル・ド・ゴール国際空港も近く、一番アクセスしやすかったからだ。

工事は1995年9月に始まり、スムーズに進捗して1997年11月に完

了した。サッカーとラグビーの試合やショーが催される8万1338人収容の国内最大スタジアムを建設するというまさに偉業が達成された。スタジアムは可動式で、観客席の下層部分を15メートルにわたって収納すると、陸上競技用のトラックが出てくる仕組みになっている。

1998年1月28日、正式にオープニングイベントとして、親善試合が行われた。フランスがスペインに1-0で勝利した。このスタジアムの歴史における最初のゴールは、ジネディーヌ・ジダンが記録した。これは第一歩にすぎず、7月12日のブラジルとの決勝ではジダンが2得点をあげ、フランスはワールドカップ初優勝を果たしたのである。

イベントは、すさまじいペースで次々と続いた。7月25日にはローリング・ストーンズが初の公演を行い、9月にはジョニー・アリディがスタジアムで代表曲『火をつける』などを歌って沸かせた。2006年9月にがらりと模様替えし、新しい円形劇場として、演劇『Ben-Hur, plus grand que la légende（ベン・ハー、伝説よりも偉大）』が上演された。アラン・ドゥコーとロベール・オッセンが手がけたもので、砂に覆われたアリーナで戦車競走が再現された。

もっとも、主たる使途は依然としてスポーツであり、ほぼ毎年、国際大会が開催されてきた。世界陸上選手権、ラグビーのワールドカップ、UEFAのチャンピオンズリーグの決勝戦（3回）や欧州選手権などである。

オフサイド

残念ながら、良からぬ出来事も起きており、歓喜あふれるイメージが損なわれてきた感もある。

2001年10月6日、フランス対アルジェリアのサッカーの親善試合が暴動に発展した。フランス国家「ラ・マルセイエーズ」斉唱の際に

口笛が吹かれたのに続き、フランスチームがボールに触れるたび、侮辱するヤジが飛んだ。試合開始から76分が経過したところで、アルジェリアの国旗を振り回すサポーターの群れがピッチに流れ込み、試合は中断された。

2015年11月13日には、フランス対ドイツのサッカーの試合中、午後9時16分にスタジアム近くで自爆ベルトが爆発した。一連のテロの皮切りだった。他の2人による自爆テロ犯が数分間隔で続き、1人が死亡、63人が負傷した。選手にも観客にもこの情報は伝えられないまま、試合は続行された。パニックを回避するためだった。7万人のサポーターの避難は試合終了後に混乱なくなされた。この日のテロはパリの劇場である「バタクラン」で終わることになるが、この最初のテロの際、入場チケットを持ったテロリストたちがスタジアム内に入っていたら、どれほどの犠牲者が出ただろうか。

2022年5月28日、レアル・マドリード対リヴァプールのUEFAチャンピオンズリーグ決勝戦の際は、大混乱の映像が世界中に広まった。サポーターや観客が襲われ、多数のスリが強引にものを奪った。治安部隊が催涙ガスを放ったため、息苦しくもなった。

2023年のラグビー・ワールドカップがまたこの地で開かれた。汚名返上にはタイムリーだった。さらに待望の2024年夏季のパリ五輪は、1924年以来、1世紀ぶりの開催となる。パリは何度か名乗りをあげながら逃し、ようやく実現する。スタッド・ド・フランスは、その輝かしい歴史に今回のパリ五輪を新たに刻むことになる。フランスの伝説のスタジアムは、いっそう世界に感動を与える場面の舞台となっていくことだろう。

　　　———フランスが国をあげて長い間待ち望んでいたこのスタジ

アムは……シンプルに「スタッド・ド・フランス」と呼ばれることになる。

ギー・ドリュ・スポーツ担当大臣、名前の選択について（1995年）

追加インフォ
1937年にオープンしたマルセイユのスタッド・ヴェロドロームは、3万人以上の観客を収容できる。自転車レース（これが名前の由来）、サッカーやラグビーの試合、陸上競技、オートバイや自動車のレースが催される。20世紀を通じて規模の拡張がなされ、1998年のサッカー・ワールドカップに向けて収容人数が倍増され、ジョニー・アリディ（2000年）、ルチアーノ・パヴァロッティ（2002年）らの公演も成功裏に催された。2016年、フランスの通信会社・オランジュが命名権を取得して「オランジュ・ヴェロドローム」という名称になった。屋根が雨水を集めて芝生を潤す仕組みになっている。広場を設けたことで、スタジアムは環境対策が進む地元にいっそう溶け込み、存在感が増している。2021年10月7日、ベルナール・タピの棺がオリンピック・マルセイユの本拠地のこのスタジアムに置かれ、最後のお別れのセレモニーが執り行われた。元会長だったタピ氏の写真が添えられた。

5つの数字で語るスタッド・ド・フランス

・4万点の図面を要した。
・80万平方メートルにわたる土木工事が5カ月かけて行われた。
・18万立方メートルのコンクリートを流し込むのに1年を要した。
・屋根全体の重さは1万3000トン。
・建設費は約3億6500万ユーロ。

ミヨー高架橋
── ポン・ヌフ（新しい橋）

道路交通用でありながら、れっきとした芸術的建造物である。建築分野における技術力やイノベーションについて、21世紀のフランスが一歩も譲らず最前線で活躍しようとする意気込みが、ミヨー高架橋から見て取れる。

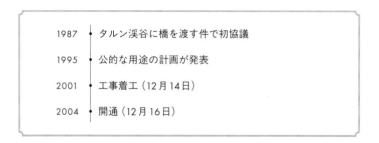

1987	●	タルン渓谷に橋を渡す件で初協議
1995	●	公的な用途の計画が発表
2001	●	工事着工（12月14日）
2004	●	開通（12月16日）

ところで、なぜミヨー高架橋と呼び、ミヨー橋ではないのか。辞書を編纂する際には議論の余地があるだろうが、一般に橋は障害物を乗り越えるもので、両岸をつなぐのが通例である。一方、高架橋は複数の障害物を乗り越えるので、かなりの高さに達するものである。ミヨーの場合、この高架橋の定義がふさわしい。というのも、2004年の開通時、「記録ずくめの建築物」と呼びうるものだったからだ。主塔が世界最高の343メートルに達し、地上からの距離が最大245メートルの橋脚で支えられている。ただ、2009年と2016年に完成した中国

の2つの橋によって順位は世界3位になってしまった。

　7本の橋脚の間に張られた長さ2460メートルの鋼鉄のリボンが、時速200キロの風が吹く高さ270メートルのタルン渓谷（アヴェロン県）に堂々とかかっている。

　エファージュ社はこのような技術的な偉業を達成するのに3年しかかからなかったが、議論と研究には14年を費やしていた。1987年以来の課題は、マッシフ・サントラル（中央山岳地帯）を切り開き、南北に走る交通の流れを促進することだった。このため、すでに渋滞が深刻化していたロース渓谷の交通量を緩和するために高速道路A6号線（パリ－リヨン－マルセイユ）の利用を抑えることが求められた。こうして、クレルモン＝フェランとベジエを340キロにわたって結ぶ高速道路A75号線（地中海高速道路）が建設された。完成までには、あと40キロが残っている。

困難に立ち向かって

　ミヨー高架橋が北のルージュ高原と南のラルザック高原を直結したことで、タルン渓谷を渡るインフラが完成した。夏に人が大移動する際、果てしない交通渋滞に悩まされていたミヨーの町に、開放感が広がった。ここに至る過程で、コンペが実施され、1996年に著名な英国人建築家ノーマン・フォスター（ニームのカレ・ダール、ドイツ連邦議会新議事堂ライヒスタークを設計）が勝ち取った。フォスターが提案した斜張橋（高い塔の上に張られた金属ケーブルで吊り下げられた橋床）が選ばれたのである。フランスのライバル4人を相手に、フォスターはハイテク面で最も優れ、しかもコストが一番抑えられる提案をした。世界の橋梁を手がけた専門家であり、ノルマンディー橋（1995年）の設計者でもあるフランス人技術者ミシェル・ヴィルロジ

ューと共同で実施された工事をめぐっては、着工前からとくに環境団体の間で論争が巻き起こった。環境団体の主張は、高速道路を数キロ西に移動してラルザック高原をそのまま残し、こうした高架橋の建設はやめるべきだというものだった。環境面や財政面の議論、さらには景観破壊の懸念を表明したのに加え、経済面のダメージも指摘した。つまり、ミヨーが観光産業で大きな損失を被るという言い分だった。費用と損害に関する環境団体の主張は賛否が分かれたが、ミヨー高架橋は有料橋として開通し、この地域では経済や文化の活動が大幅に発展し、雇用創出が進んだ。毎年、観光客、建築愛好家、ジャーナリスト、スポーツ選手、さらに車で通行する人たちも含め、毎年何十万人が訪れる。単なる道路橋ではなく、モニュメントなのである。

大急ぎで

2007年からエファージュ・ミヨー高架橋レースが開催され、第1回では1500人が参加し、健脚を競った。高速道路は3時間余の間通行止めとなり、経験豊富なランナーやアマチュアランナーが天と地を実感しながら、長さ23.7キロ、390メートルの高低差のコースで競った。何百人ものボランティアも動員された。2007年の優勝者は1時間22分58秒で完走した。出発点（4グループに分かれて出発）とゴールはミヨーで、コースは高架橋の往復を含むものである。

　　───この事業は〔中略〕、港の入り口や河口に建設される斜張橋の部類に属するものである。〔中略〕国家として見過ごせ

ないことであるが〔中略〕マッシフ・サントラルの有数の美しい景観に影響を及ぼす芸術的な建造物である。私は、それが景観の美化に資するか、少なくとも損なうことなく守るようお願いしたい。

ヴァレリー・ジスカール・デスタン
ジャック・シラクへの手紙（1996年）

追加インフォ

名前とは裏腹に、ポン・ヌフ（「新しい橋」の意）はルーヴル宮とサン=ジェルマンを結ぶために建設されたパリ最古の橋である。アンリ3世が1578年に着工し、アンリ4世が1603年に開通させたとき、橋は斬新だったため、「新しい」（ヌフ）という言葉にふさわしかった。木造ではなく石造りの橋はパリで初めてで、洪水や火事に耐えることが期待され、セーヌ川の眺めを邪魔する家々もなく、快適な散歩に好都合な歩道が備えられたのである。シテ島の先端で、その後も同じように堂々と存在感を示していて、まるで時間が経過しても橋が古くならないかのようである。そこから「ポン・ヌフのようにしっかりしている」とか「ポン・ヌフのように健康だ」という表現が生まれたのである。

ポン・ヌフは1985年、米国人アーティストのクリストによって、4万平方メートルの黄土色の布に包まれて、一度だけパリジャンの前から姿を消した。

5つの数字で語るミヨー高架橋

- 建設には20万6000トンのコンクリートを要した。
- 総工費は4億ユーロと推定されている。
- 3万6000トンの鋼鉄の橋床は7本の橋脚で支えられている。
- 342メートル離れた2つの橋脚の間で、エッフェル塔を横たわらせることができる。
- 平均して年間500万台の車両が通行する。

おわりに

　ロックフェラー家の出身でなくても、パリの株式市場のCAC40に名を連ねる企業グループのトップでなくても、ヴェルサイユ宮殿を支援できるのをご存じだろうか。あなたも私も、ささやかな資金があれば、その復興事業に寄付ができるのである。環境にとことんこだわるのならば、公園の植林運動に参加して、責任を持って木を育てるという方法もある。私がお届けする情報は、読者にお金の問題、つまりフランスの遺産をめぐり、なかなか表立って議論されにくい点にフォーカスすることを、何よりも狙っている。近年は宝くじのおかげで、この問題にいくらか光が当たった。従来はあたかも大金について話すことが建築物の美しさを汚すかのように思われ、関心が寄せられないままだった。手入れなくして輝きはなく、資金がなければ手入れもできない。しかし、すでに「途方もない金額」が費やされているこの国にあって、長年税金のことでうんざりしている国民に対し、この問題を提起するのは難しい。毎月の家計をまかない、地球規模の課題に対処し、モニュメントもしっかり維持する。そのバランスをどう取るのかが問題なのである。この本はフランスの歴史とその舞台となった場所への愛着の念を示すもので、読者にとって第一に有益だったとすれば嬉しい。第二に文化への出費を惜しまないことの大切さを理解してもらえたなら幸いだ。さらに、政治家や政治家をめざす人たちに対し、予算をしっかり確保するよう背中を押してほしい。フランスが誇る驚嘆の遺産は、「世界の七不思議」よりはるかに数が多いのである。

参考文献

共著：*Sur les chemins de l'histoire de France*, Sélection du Reader's Digest, 1984.
共著：*Paris, Balade au fil du temps*, Sélection du Reader's Digest, 1995.
共著：*Les Châteaux de la Loire*, Sélection du Reader's Digest, 1997.
共著：*Châteaux de la Loire*, Éditions Valoire, 1997.
共著：*Larousse de Paris*, Larousse, 2001.
共著：*Dictionnaire d'histoire de France*, Perrin, 2002.
DUHAMEL Patrice et SANTAMARIA Jacques, *L'Élysée, coulisses et secrets d'un palais*, Pocket, 2022.
HILLAIRET Jacques, *Dictionnaire historique des rues de Paris*, Les Éditions de Minuit, 1963.
LENIAUD JeanMichel, *La Basilique Saint-Denis et ses chantiers*, Éditions du patrimoine, Centre des monuments nationaux, 2022.
LOURS Mathieu, *Histoire secrète des cathédrales*, Éditions Ouest France, 2021.
MANDOPOULOS Béatrice et NOVARINOPOTHIER Albine, *Notre-Dame de Paris – de A à Z*, Éditions de Borée, 2021.
WIEVIORKA Olivier et WINOCK Michel (sous la direction de), *Les Lieux de l'histoire de France*, Perrin, 2017.

この著者による他の作品

365 femmes extraordinaires – Chaque jour, le portrait d'une femme qui a marqué le monde, Éditions 365, 2022.

Le dentiste de Napoléon, l'indic de Jules César – 75 figures de l'ombre qui ont influencé l'histoire, Éditions de l'Opportun, 2021.

Langue française minute - 200 difficultés à surmonter pour écrire et parler un français correct, Éditions ContreDires, 2021.

Littérature française minute – 200 œuvres, auteurs et courants qui ont marqué l'histoire de la littérature française, Éditions ContreDires, 2021.

Pourquoi dit-on ? L'origine des expressions françaises, en 365 jours, Éditions 365, 2020.

Les Plus Beaux Monuments du monde – Secrets et anecdotes de nos merveilles architecturales, Éditions 365, 2020.

À chaque jour son saint, Larousse, 2019.

Grandes et petites histoires du métro parisien – Les secrets du métro en 365 jours, Éditions 365, 2018.

Le pourquoi et le comment des expressions françaises – Petit inventaire insolite pour les amoureux de la langue française, Larousse, 2018.

Paris secret et mystérieux – Crimes, légendes et histoires étranges, Éditions 365, 2016.

画像クレジット

p8-10: ©Charbonnier Thierry/Shutterstock
p20: ©yggdrasill/Shutterstock
p28: ©Morphart Creation/Shutterstock
p35: ©Charles-Louis Clérisseau, 1804/Wikimedia Commons
p43: ©Frères Becquet (XIXe siècle), d'après Isidore Laurent Deroy/Photothèque Hachette Livre
p48-50: ©mivod/Shutterstock
p61: ©Morphart Creation/Shutterstock
p70: ©Boris Stroujko/Shutterstock
p76: ©Marzolino/Shutterstock
p85: ©Pharamond Blanchard, 1852/Wikimedia Commons
p94: ©Morphart Creation/Shutterstock
p103: ©Morphart Creation/Shutterstock
p108: ©Morphart Creation/Shutterstock
p113: ©Morphart Creation/Shutterstock
p121: ©Borisb17/Shutterstock
p126: ©Alexey Fedorenko/Shutterstock
p132-134: ©stocker1970/Shutterstock
p139: ©Inconnu, 1860, scan de Sir Gawain/Wikimedia Commons
p147: ©Pecold/Shutterstock
p157: ©Morphart Creation/Shutterstock
p170: ©Morphart Creation/Shutterstock
p176-178: ©Louis Philippe Alphonse Bichebois/Photothèque Hachette Livre
p183: ©saiko3p/Shutterstock
p188: ©Morphart Creation/Shutterstock
p193: ©Natursports/Shutterstock
p198: ©Photothèque Hachette Livre

著者略歴

デルフィーヌ・ガストン゠スローン

フリージャーナリスト。アート、文化、歴史、社会問題などについて雑誌へ寄稿しているほか、フランス語や文化を題材にした本の執筆も手がけ、「フランス語表現の理由と方法」(Le Pourquoi et le Comment des expressions françaises)などの著者として知られる。

訳者略歴

飯竹恒一（いいたけ・こういち）

東京大学経済学部卒。朝日新聞社でパリ特派員や英字版記者。早期退職して翻訳者・通訳者へ。パリ時代、歌手のジュリエット・グレコ、シルヴィ・バルタン、ジェーン・バーキン、映画監督のエリック・ロメールらを取材。

建築が語るフランスの歴史

2025©Soshisha
2025年4月25日 第1刷発行

著者
デルフィーヌ・ガストン＝スローン

訳者
飯竹恒一

ブックデザイン
小川順子

発行者
碇高明

発行所
株式会社草思社
〒160-0022
東京都新宿区新宿1-10-1
電話：営業03(4580)7676
　　　編集03(4580)7680

印刷所
シナノ印刷株式会社

製本所
加藤製本株式会社

翻訳協力
株式会社リベル

ISBN978-4-7942-2776-8
Printed in Japan

造本には十分配慮しておりますが、万一、乱丁、落丁、印刷不良などがございましたら、ご面倒ですが、小社営業部宛にお送りください。送料小社負担にてお取り替えさせていただきます。